Schriften des deutschen Vereins

für

Armenpflege und Wohlthätigkeit.

Dreiundvierzigstes Heft.

Arbeitseinrichtungen für Zwecke der offenen Armenpflege.
Von Buehl. — Beaufsichtigung der in Familienpflege
untergebrachten Kinder. Von Stalmann.

Leipzig,
Verlag von Duncker & Humblot.
1899.

Arbeitseinrichtungen für Zwecke der offenen Armenpflege.

Von

Dr. Buehl,
Direktor des öffentlichen Armenwesens in Hamburg.

Beaufsichtigung der in Familienpflege untergebrachten Kinder.

Von

Stalmann,
Waisenhausdirektor in Hamburg.

Leipzig,
Verlag von Duncker & Humblot.
1899.

Alle Rechte vorbehalten.

Arbeitseinrichtungen für Zwecke der offenen Armenpflege.

Von

Dr. Buehl,

Direktor des öffentlichen Armenwesens in Hamburg.

I.

Da die regelmäßige Thätigkeit der großen Mehrheit der Einwohner das Fundament unserer Gesellschaftsordnung bildet, so sind schwere sociale Mißstände unvermeidlich, sobald weitere Kreise der Bevölkerung aus ihrer gewohnten Beschäftigung herausgerissen werden. Diese Gefahr war eine verhältnismäßig geringe, so lange sich die Produktion im wesentlichen auf die Deckung des Eigenbedarfs beschränkte, sie mußte sich aber mit dem durch die Entwicklung des modernen Fabrik- und Großbetriebes bedingten gänzlichen Umschwunge der Produktions- und Absatzverhältnisse in Verbindung mit der Einführung von Gewerbefreiheit und Freizügigkeit erheblich steigern. Und in der That weiß die Geschichte der letzten Jahrzehnte von zahlreichen Erschütterungen unserer gesellschaftlichen Ordnung zu berichten, die auf die Ungunst der Arbeitsverhältnisse zurückzuführen waren, und welche die Unsicherheit dieser letzteren als eine der drückendsten unter den auf der modernen Gesellschaft lastenden Sorgen erscheinen lassen.

Mit dieser Steigerung der Gefahr haben die Mittel zur Abhilfe leider nicht gleichen Schritt gehalten. Auch bei uns haben zwar die Gewerkschaften nach dem Vorbilde der englischen Gewerkvereine versucht, die Arbeitslosigkeit im Wege der Selbsthilfe durch Errichtung von Arbeitsnachweisen zu bekämpfen, jedoch vermochten diese Arbeitnehmer-Nachweise in Ermangelung der erforderlichen Unterstützung von seiten der Arbeitgeber zu wesentlicher Bedeutung nicht zu gelangen. In gleicher Weise haben aber auch die von den Innungen und Arbeitgeber-Verbänden begründeten Nachweise unter dem Mißtrauen der Arbeiter zu leiden, zumal da der Nachweis von den Arbeitgebern nicht selten zur Ausübung einer gewissen Kontrolle über die Arbeiter benutzt wird. Von gemeinnützigen Vereinen und Gemeinden sind daher neuerdings vielfach sogenannte unparteiische Arbeitsnachweise ins Leben gerufen worden, deren Entwicklung in letzter Zeit erfreuliche Fortschritte aufweist[1]. Da indessen die Thätigkeit des Arbeitsnachweises begrifflich darauf beschränkt ist, die **vorhandenen** Arbeitsgelegenheiten zur Kenntnis der Arbeitsuchenden zu bringen und die auf Vervollkommnung dieser Einrichtung gerichteten Bestrebungen lediglich dahin abzielen können, in jede offene Arbeitsstelle **möglichst schnell einen Beschäftigungslosen hineinzuschieben**, so vermag auch der bestorganisierte Arbeitsnachweis die Arbeitslosennot niemals zu beseitigen.

Von der Privatwohlthätigkeit sind daher gewisse ergänzende Veranstaltungen getroffen, um arbeitsfähigen Personen, welchen die Erlangung von Beschäftigung auf dem freien Arbeitsmarkte besonders erschwert ist oder nicht hat gelingen wollen, zu einer geregelten Thätigkeit zu verhelfen. So bietet eine Anzahl von **Arbeiterkolonien** erwerbslosen alleinstehenden Männern solange Beschäftigung und Versorgung, bis es möglich geworden ist, ihnen anderweitig ein geordnetes Fortkommen zu verschaffen; **Arbeitsstellen für Arbeitslose** eröffnen den letzteren die Möglichkeit, sich den notdürftigen Unterhalt durch eigene Thätigkeit zu erwerben; **Vereine zur Fürsorge für entlassene Strafgefangene** suchen aus der Strafanstalt entlassenen Personen wiederum zu ehrlichem Erwerbe zu verhelfen, während **Antibettelvereine und Naturalverpflegungsstationen** es sich angelegen sein lassen, bettelnden oder wandernden Arbeitslosen gegen eine gewisse Arbeitsleistung Obdach und Verpflegung zu gewähren.

Alle diese Einrichtungen beschränken sich indessen darauf, die **einmal eingetretene Arbeitslosigkeit zu beseitigen**, oder die aus ihr für das **einzelne Individuum** sich ergebenden wirtschaftlichen und moralischen Gefahren und Nachteile nach Möglichkeit abzuwenden; ihre Wirksamkeit ist also lediglich eine repressive und zugleich individuelle. Was insbesondere den Arbeitsnachweis anlangt, so vermag derselbe keine neue Arbeit zu schaffen, sondern nur die vorhandene zu verteilen, sodaß er bei industriellen Krisen, durch welche ganze Erwerbszweige ins Stocken gerathen, d. h. gerade dann, wenn das Bedürfnis nach Arbeitsverschaffung am dringendsten ist, notwendig versagen muß; und vollends sind jene übrigen Veranstaltungen nur auf den Einzelfall zugeschnitten, sodaß von ihnen zu Zeiten größerer wirtschaftlicher Notstände Abhilfe schlechterdings nicht zu erwarten ist.

In Anbetracht der ungeheuren Tragweite des socialen Übels hat es selbstverständlich auch an Vorschlägen und Versuchen, der Arbeitslosigkeit **präventiv** zu begegnen, oder aber sie in ihren Wirkungen nicht bloß individuell, sondern **generell** zu bekämpfen, nicht gefehlt. Ist nun auch die Lösung des Problems bislang in keiner Weise gelungen, so interessieren

---

[1] Das Preußische Abgeordnetenhaus hat am 8. Juni 1899 den Antrag von Pappenheim und Genossen, durch den die Staatsregierung ersucht wird, baldigst einen Gesetzentwurf, betreffend Fürsorge für Arbeitslose, vorzulegen, einer Kommission von 21 Mitgliedern überwiesen. Der Antrag hat in erster Linie die Errichtung amtlicher Arbeitsnachweisstellen an denjenigen Orten, an welchen ein diesbezügliches Bedürfnis besteht, zum Gegenstande.

diese Bestrebungen im Rahmen des vorliegenden Referats doch insoweit, als gegenwärtig noch die Armenpflege die „ultima ratio" für die Arbeitslosen bildet und ihre Stellungnahme den letzteren gegenüber naturgemäß eine andere sein wird, jenachdem sich für die eine oder andere der zur generellen Beseitigung der Arbeitslosigkeit selbst oder ihrer Folgen aufgestellten Theorien Aussicht auf Verwirklichung bietet, oder nicht.

Am radikalsten geht der Socialismus vor, von dem heute noch die Mehrzahl der von den Gefahren der Arbeitslosigkeit am unmittelbarsten bedrohten gewerblichen und Industriearbeiter alles Heil erwartet. Die Produktion soll dem statistisch festzustellenden Bedarf der Bevölkerung an Lebensbedürfnissen angepaßt und die Arbeitslosigkeit dadurch aus der Welt geschafft werden, daß jedem Mitgliede der auf kommunistischer Grundlage umzugestaltenden Gesellschaft sein Tagewerk genau zugeteilt wird. Der Grundfehler dieser Theorie liegt darin, daß man wähnt, die auf Naturgesetz beruhende Ungleichartigkeit der Menschen einfach hinwegdekretieren zu können. Eine derartige zwangsweise Nivellierung müßte sehr bald zur Unterdrückung aller höheren menschlichen Regungen und mit der daraus sich ergebenden kulturellen Verödung zum Rückgange der Produktion auf den Eigenbedarf, ja zur Zurückschraubung des letzteren auf das Niveau des Existenzminimums, also zu Zuständen führen, die einen solchen Umschwung auch für den Arbeiter keineswegs begehrenswert erscheinen lassen können.

Aber auch auf dem Boden der bestehenden gesellschaftlichen Ordnung hat man die Beseitigung der Arbeitslosigkeit für erreichbar erachtet und kein Geringerer als Fürst Bismarck hat in einer im Mai 1884 gehaltenen Reichstagsrede ein „Recht auf Arbeit" anerkannt, indem er sich dabei auf gewisse Vorschriften des preußischen Landrechts und auf die sittliche Überzeugung unserer Zeit berief. Das preußische Landrecht vom 5. Februar 1794 bestimmt allerdings in seinem zweiten Teile — 19. Titel — unter der Überschrift „Von Armenanstalten und anderen milden Stiftungen":

„§ 1. Dem Staate kommt es zu, für Ernährung und Verpflegung derjenigen Bürger zu sorgen, die sich ihren Unterhalt nicht selbst verschaffen und denselben auch von anderen Privatpersonen, welche nach besonderen Gesetzen dazu verpflichtet sind, nicht erhalten können.

§ 2. Denjenigen, welchen es nur an Mitteln und Gelegenheit, ihren und der Ihrigen Unterhalt selbst zu verdienen, ermangelt, sollen Arbeiten, die ihren Kräften und Fähigkeiten gemäß sind, angewiesen werden."

Mit diesen Sätzen ist aber, wie schon die Überschrift des Titels, in welchem sie ihren Platz gefunden haben, ergiebt, nichts anderes gemeint, als daß die Obrigkeit und insbesondere die Armenverwaltung bemüht sein solle, auf Eröffnung von Arbeitsgelegenheit im allgemeinen hinzuwirken und Unterstützung an arbeitsfähige Personen womöglich nur gegen Arbeitsleistung zu gewähren. Die Bestimmung steht also insoweit durchaus auf dem Boden des Reichsgesetzes über den Unterstützungswohnsitz vom 6. Juni 1870, als sie in gleicher Weise wie das letztere lediglich eine öffentlichrechtliche Pflicht des Staates oder der Gemeinde, dem Hilfsbedürftigen das zum Lebensunterhalt unbedingt Notwendige zu gewähren, anerkennt, keineswegs aber einen privatrechtlichen Anspruch des Einzelnen auf Versorgung aus öffentlichen Mitteln statuiert.

Fürst Bismarck hat allerdings weiterhin gemeint, es sei in unseren ganzen sittlichen Verhältnissen begründet, daß der Mann, der vor seine Mitbürger tritt und sagt: „Ich bin gesund und arbeitslustig, finde aber keine Arbeit", auch berechtigt sei, zu sagen: „Gebt mir Arbeit", und daß der Staat alsdann verpflichtet sei, ihm zu geben, was er verlange. In wahrhaft klassischer Weise hat der große Staatsmann mit diesen, gelegentlich der Beratung des Socialistengesetzes gebrauchten Worten die Notlage des Arbeiters geschildert, der, ein Opfer der socialen Zustände, ohne jedes eigene Verschulden vor die Alternative gestellt sein kann, entweder zu verhungern, oder der öffentlichen Armenpflege anheimzufallen und mit der wirtschaftlichen Selbständigkeit zugleich die politische einzubüßen. Nichts würde mehr geeignet sein, dem Socialismus Einhalt zu gebieten, als wenn es gelänge, den Arbeiter auf dem Boden der bestehenden Gesellschaftsordnung gegen die Gefahren unverschuldeter Arbeitslosigkeit sicherzustellen, denn die werbende Kraft des socialistischen Gedankens liegt — wenigstens gegenüber dem selbständig denkenden Arbeiter — nicht sowohl in der mehr oder weniger verschwommenen Hoffnung auf allgemeine Glückseligkeit, als vielmehr in der festumgrenzten Aussicht auf stetige Erwerbsgelegenheit! Insofern kann man allerdings von einer sittlichen Pflicht des Staates sprechen, alle Mittel aufzubieten, um jenes schwere sociale Übel erfolgreich zu bekämpfen. Daß aber ein Recht auf Arbeit in dem Umfange, daß jeder Arbeitslose vom Staate die Anweisung lohnender, oder gar seiner besonderen Berufsbildung entsprechender Arbeit verlangen kann, in einem Staate mit freier Erwerbsordnung nicht realisierbar ist, liegt auf der Hand. Andernfalls wäre der Staat genötigt, überall da, wo der Versuch der Vermittelung privater Arbeit wegen mangelnder Arbeitsgelegenheit erfolglos bliebe, selbst als Arbeitgeber aufzutreten, und damit hätte er bereits die schiefe Ebene des socialistischen Zukunftsstaates betreten.

Auch innerhalb des Deutschen Vereins für Armenpflege und Wohlthätigkeit ist die Forderung eines Rechtes auf Arbeit stets als theoretisch ungerechtfertigt wie praktisch undurchführbar mit Nachdruck bekämpft worden. In dem im Jahre 1883 dem Verein über die Frage der Armenbeschäftigung erstatteten Berichte hat Ludwig-Wolf ausgeführt, daß jedes Recht auf der einen Seite notwendig eine Verpflichtung auf der anderen Seite voraussetze, daß aber von der Gesellschaft oder dem besitzenden Teile derselben eine Verpflichtung zur Erhaltung derjenigen, die sich ohne ihr Zuthun in der Welt befinden, niemals übernommen worden sei. Gehe man aber selbst mit den Verfechtern der natürlichen Menschenrechte davon aus, daß die Erde vom Schöpfer nicht einer bevorrechteten Klasse, sondern der Menschheit als solcher verliehen worden sei und daß keiner Generation mehr als ein lebenslängliches Recht auf den Boden zustehe, so sei das Höchste, was den Armen durch Schaffung des Eigentums entzogen sei, ihr Anteil an dem, was der Boden hervorgebracht hätte, wenn er niemandem zugeteilt worden wäre. Für diesen Verlust seien die Armen indessen überreichlich entschädigt durch das, was schon jetzt die Gesellschaft auf Grund des Gebotes der Nächstenliebe und aus Beweggründen eines idealen Egoismus täglich an ihnen thue. Freiherr v. Reitzenstein betonte in seinem Referat: „Über Beschäftigung arbeitsloser Armer und Arbeitsnachweis als Mittel vorbeugender Armenpflege"[1], daß der heutige Staat die Forderung, in jedem einzelnen Falle den Arbeitslosen mit lohnender Arbeit zu versehen, nicht erfüllen könne, daß vielmehr die Möglichkeit solcher Ausdehnung der Staatsaufgaben mit der Möglichkeit des socialistischen Staates stehe und falle, welcher die Produktion nicht bloß regele, sondern selbst übernehme und leite. Anzuerkennen sei lediglich die öffentlich-rechtliche Pflicht des Staates, dem arbeitsfähigen Armen zu helfen, und zwar in der Weise, daß er ihm die erforderliche Unterstützung in der Regel und soweit thunlich nur gegen Arbeitsleistung oder in Form von Arbeitszuweisung gewähre.

Diese Auffassung stellt nun aber nicht allein das Produkt wissenschaftlicher Untersuchungen erfahrener Socialpolitiker dar, sondern sie stützt sich gleichzeitig auch auf Erfahrungen, welche — zumal in England und Frankreich — bei dem Versuche, den Gedanken des Rechtes auf Arbeit praktisch zu verwirklichen, gemacht worden sind. Besonders lehrreich ist der in England mit dem Gilberts Act von 1782/96 erzielte Mißerfolg, weil die durch dieses Gesetz geschaffenen völlig unhaltbaren Zustände uns in gewissem Sinne einen Vorgeschmack von den Verhältnissen innerhalb des socialistischen Zukunftsstaates zu verschaffen geeignet sind. Hatte das Armengesetz der Elizabeth von 1601 bestimmt, daß Arbeitsfähige durch Arbeitsgewährung unterstützt werden sollten, so verpflichtete der Gilberts Act die Armenverbände, für den arbeitsfähigen Armen in der Nähe seiner Wohnung geeignete Beschäftigung ausfindig zu machen, den verdienten Arbeitslohn für ihn einzuziehen, ein ungenügendes Erträgnis der Arbeit aber aus öffentlichen Mitteln unter Zugrundelegung einer die Höhe der Lebensmittelpreise einerseits und die Größe der Familie andererseits berücksichtigenden Lohnskala zu ergänzen. Damit war der Arbeiter Pensionär der Staatskasse geworden und als solcher gegen die Not des Lebens sichergestellt; andererseits war aber seine Selbständigkeit untergraben und jeder Anreiz zur Sparsamkeit, jedes Streben, sich durch eigene Thätigkeit einen höheren Platz auf der gesellschaftlichen Stufenleiter zu erringen, untergraben. Ob er fleißig und energisch, oder träge und untüchtig war, war nunmehr insofern gleichgültig, als die Gemeinde in jedem Falle für ihn zu sorgen hatte. Leichtsinn und Gleichgültigkeit gewannen daher alsbald die Oberhand über die höheren Regungen der Menschennatur und die Folge jener Maßnahmen war neben einer schnell um sich greifenden Degeneration des Arbeiterstandes eine ungeheure Steigerung der Armenlasten, deren Jahresbetrag in kurzer Zeit auf die enorme Höhe von fast 160 Millionen Mark bei 11 Millionen Einwohnern anschwoll[2].

Zu ähnlichen Ergebnissen gelangte man 50 Jahre später in Frankreich, als die provisorische Regierung nach dem Sturze des Juli-Königtums

---

[1] Schriften des Deutschen Vereins für Armenpflege und Wohlthätigkeit, Heft 4. S. 1—76.
[2] Vergl. Aschrott, Das englische Armenwesen. Leipzig 1886. S. 29 ff.

unter dem Drucke einer Massendemonstration Arbeitsloser die Verpflichtung auf sich genommen hatte, „à garantir du travail à tous les citoyens". In Einlösung dieser Zusage errichtete man die bekannten ateliers nationaux, nahm Erdarbeiten in Angriff und sicherte jedem Arbeiter einen Tagelohn von 2 Frcs. zu. Da aber einerseits die gelernten Pariser Arbeiter diese Arbeit verschmähten und andererseits die Zahl der Arbeitsuchenden bald dergestalt überhandnahm, daß nur ein kleiner Teil derselben wirklich beschäftigt werden konnte, so beschloß man, denen, die keine Beschäftigung hatten finden können, eine tägliche Unterstützung von 1,50 Frcs. zu gewähren. Damit war das Princip „Arbeit statt Almosen" verlassen, ja für die große Mehrzahl der angeblich Hilfsbedürftigen in das Gegenteil verkehrt und die Folge war nicht nur, daß arbeitsscheues Gesindel, durch die Geldunterstützung angelockt, in großen Massen nach Paris strömte, sondern weiterhin auch, daß die freien Arbeiter die günstige Gelegenheit benutzten, um zur Erzwingung höherer Lohnforderungen Streiks in Scene zu setzen, so daß die Zahl der Arbeitsuchenden nach wenigen Monaten auf 115 000, der tägliche Kostenaufwand auf 200 000 Frcs. angewachsen war und es schließlich, ganz abgesehen von der ungeheuren Schädigung des Staatsvermögens und des freien Gewerbes, nur unter blutigen Kämpfen möglich war, geordnete Zustände wiederherzustellen.

Als ein erfreulicher Erfolg dieser trüben geschichtlichen Erfahrungen darf es bezeichnet werden, daß das freie Schweizervolk im Jahre 1894 das Recht auf Arbeit mit 308 000 gegen 76 000 Stimmen verworfen und damit sein schwerwiegendes Votum gegen die Durchführbarkeit eines direkten Rechtsanspruches auf Arbeitsverschaffung in die Wagschale gelegt hat. Gleichzeitig hat dann die schweizerische Bundesversammlung den allein gangbaren Weg der Socialreform beschritten und dem Bundesrate den Auftrag erteilt, zu untersuchen, „ob und eventuell in welcher Weise eine Mitwirkung des Bundes bei Institutionen für öffentlichen Arbeitsnachweis und für Schutz gegen die Folgen unverschuldeter Arbeitslosigkeit möglich und gerechtfertigt sei."

An der Reform des Arbeitsnachweises ist in jüngster Zeit auch in Deutschland mit regem Eifer und nicht ohne Erfolg gearbeitet worden; man wird sich aber, wie bereits erwähnt, nicht verhehlen dürfen, daß ein, wenn auch noch so vollkommen organisierter Arbeitsnachweis nur unter der Voraussetzung segensreich wirken kann, daß Arbeit vorhanden ist, und daß somit bei einer Erörterung der Möglichkeit einer wirksamen Bekämpfung der Arbeitslosennot nicht sowohl die Reorganisation des Arbeitsnachweises, als vielmehr die Frage der Schaffung einer allgemeinen Versicherung der gewerblichen Arbeiter gegen die Folgen unverschuldeter Beschäftigungslosigkeit in den Vordergrund treten muß. Faßt man die Grundgedanken der Kaiserlichen Botschaft vom 17. November 1881 ins Auge, wonach es Pflicht der Gesellschaft ist, die wirtschaftlich Schwachen, d. h. diejenigen, welche beim Erwerbe ihres Unterhaltes lediglich auf die Verwertung ihrer Arbeitskraft angewiesen sind, thunlichst gegen die Folgen von Ereignissen sicherzustellen, die sie nicht abzuwenden vermochten, so wird man zugeben müssen, daß die Voraussetzungen für einen derartigen Schutz bei unverschuldeter Arbeitslosigkeit in nicht geringerem Maße gegeben sind, wie beim Eintritt von Krankheit, Unfall, Invalidität oder Alter. Was heißt nun aber „unverschuldete" Arbeitslosigkeit und wie soll das Vorliegen oder Nichtvorliegen eines „Verschuldens" festgestellt werden? Sollen Personen, die infolge von Arbeitsstreitigkeiten ihre Stelle aufgegeben haben, unterstützt werden? Wer entscheidet, wenn ein Arbeitsloser eine ihm angebotene Beschäftigung als nicht passend ausgeschlagen hat? Wie hoch soll die Unterstützung bemessen und wie ein Ausgleich gegenüber der Verschiedenheit des Risikos in den einzelnen Branchen geschaffen werden? Wie ist es zu halten, wenn sich der Unterstützte Nebenverdienst verschafft? Wann soll die Versicherung beginnen, wann enden, wie soll sie organisiert werden? Auf welche Weise endlich sind die erforderlichen Mittel aufzubringen, die ganz enorme sein müssen, wenn die Versicherungsanstalt allen wirtschaftlichen Depressionen gegenüber widerstandsfähig sein soll?! Das alles sind Fragen, auf welche eine befriedigende Antwort bislang nicht gefunden ist, und was insbesondere die finanzielle Seite der Sache anlangt, so hat sich bei den fortwährenden unberechenbaren Schwankungen unseres wirtschaftlichen Lebens nicht einmal eine zuverlässige statistische Grundlage für die Fundierung eines solchen Unternehmens gewinnen lassen.

Die ersten praktischen Versuche einer behördlich organisierten Arbeitslosenversicherung sind bekanntlich auf schweizerischem Boden gemacht worden. In Bern wurde am 1. April 1893 eine solche Versicherung begründet, der jeder in Bern sich aufhaltende Arbeiter schweizerischer Herkunft beitreten kann. Obwohl das im Falle der Arbeitslosigkeit zu zahlende Tagegeld für den alleinstehenden Arbeiter nur 1 Frc. beträgt und lediglich während der Wintermonate Dezember, Januar, Februar für höchstens 2 Monate gezahlt wird, überstiegen doch die Ausgaben die Einnahmen durchweg um mehr als das Vierfache; auch ist, da ein Versicherungszwang nicht besteht, die Zahl der Mitglieder nur eine geringe, unter diesen aber die Zahl der arbeitslos gewordenen eine verhältnismäßig hohe. Am 1. Juli 1895 wurde dann in St. Gallen eine obligatorische Arbeitslosenversicherung durchgeführt, die aber infolge mangelhafter Organisation bereits nach 2 Jahren als nicht lebensfähig der Auflösung verfiel. Wesentlich auf Grund der trüben St. Gallener Erfahrungen hat am 9. Juli 1898 der Züricher Große Stadtrat mit 54 gegen 42 Stimmen die Einrichtung einer Arbeitslosenversicherung verworfen. Bessere Aussichten scheinen sich einer obligatorischen Versicherung zu eröffnen, welche auf Grund sorgfältiger, unter Mitwirkung des bekannten Socialpolitikers Professor Adler gepflogener Vorberatungen im Kanton Basel=Stadt für die der Arbeitslosigkeit am meisten ausgesetzten Mitglieder des Arbeiterstandes, die Fabrik=, Erd= und Bauarbeiter, ins Leben gerufen werden soll.

Die einzige derartige Gründung in Deutschland ist die im April 1896 nach Berner Muster errichtete „Stadtkölnische Versicherungskasse gegen Arbeitslosigkeit im Winter". Versichert waren 1898/99 347 Personen, gegen 324 im Vorjahre und 220 im Jahre 1896/97. Von den 347 Versicherten kamen 65 den vertragsmäßigen Verpflichtungen nicht nach. Die 282 übrig bleibenden Versicherten zahlten

34 Wochenbeiträge zu 25 Pf. = 2397 Mk., und die 144 Arbeitslosen davon bekamen 3343 Mk. Tagegelder neben der einem Teil von ihnen nachgewiesenen Arbeit. Vielfach haben die Versicherten die Unterstützung verlangt, die nachgewiesene Arbeit aber nicht angenommen. Die Kasse hat ein Vermögen von 116000 Mk., das mit 25000 Mk. aus einem städtischen Beitrage, im übrigen aber aus freiwilligen Zuwendungen herrührt. Nicht mit Unrecht bezeichnet daher Schanz[1] diese Versicherung, die ganz wesentlich auf den Zuwendungen von Gemeinde, Gesellschaften, Vereinen, Ehrenmitgliedern und Patronen basiert ist, als eine „modifizierte Wohlthätigkeit"; und da überdies durch den letzten Geschäftsbericht die Klage hindurchklingt, daß die Arbeiter der Kasse nicht das richtige Verständnis entgegenbrächten, indem sie sich nur in geringer Zahl daran beteiligten, so wird man auch dieser Gründung eine größere socialreformatorische Tragweite kaum beilegen können.

Da hiernach auf die staatliche Durchführung der obligatorischen Arbeitslosenversicherung in Deutschland für absehbare Zeit nicht zu rechnen ist und auch dem auf Einrichtung des Sparzwanges gerichteten Schanzschen Vorschlage[2] eine günstigere Prognose vorerst kaum gestellt werden kann, so wird es dabei bis auf weiteres sein Bewenden behalten, daß die **öffentliche Armenpflege** zur Linderung des durch Arbeitslosigkeit hervorgerufenen Elends in letzter Linie einzutreten berufen bleibt. Daß dies ein höchst unerfreulicher Zustand ist, soll keinen Augenblick geleugnet werden und eine weitblickende Gemeinde wird daher alles aufbieten, um durch vorbeugende Maßnahmen dem Anheimfall arbeitswilliger Arbeitsloser an die öffentliche Armenpflege nach Kräften zu begegnen. Ist dies nun aber nicht gelungen und treten arbeitsfähige Personen unter der Angabe, daß sie durch Arbeitslosigkeit hilfsbedürftig geworden seien, an die Armenpflege heran, so befindet sich diese in einer schwierigen Lage. Die zu ihrer Verfügung stehenden Mittel darf die öffentliche Armenpflege bekanntlich nur aufwenden für armenrechtlich hilfsbedürftige, d. h. für solche Personen, welche das für sich und ihre Familie zum notdürftigen Unterhalte Erforderliche weder aus **eigenen Mitteln oder Kräften** zu beschaffen vermögen, noch dasselbe von dritter Seite empfangen. Kann sonach armenrechtliche Hilfsbedürftigkeit sehr wohl durch Arbeitslosigkeit hervorgerufen sein, so bedarf andererseits die Armenpflege notwendig eines Prüfsteines, der ihr die

---

[1] Vergl. Schanz, Neue Beiträge zur Frage der Arbeitslosenversicherung. Berlin 1897. S. 71.

[2] Derselbe geht kurz dahin, daß jeder krankenversicherungspflichtige Arbeiter gezwungen werden soll, wöchentlich 20 Pf. — Saisonarbeiter nach Länge der Saison und Höhe des Lohnes mehr — durch Vermittelung der Krankenkasse bei der Sparkasse einzulegen, d. h. der Arbeitgeber hat den Betrag vom Lohne abzuziehen und unter Zuschuß von 10 Pf. wöchentlich mit den Krankenkassenbeiträgen an die Krankenkasse abzuführen. Die Einlagen bleiben bis zu 100 Mk. gesperrt und können nur im Falle der Arbeitslosigkeit in Wochenbeträgen erhoben werden.

Gegen diesen Vorschlag wird namentlich geltend gemacht, daß eine längere Reihe von Jahren erforderlich sei, bis die 100 Mk. angesammelt seien, sowie daß dadurch der Arbeiter in der Verfügung über sein meist ohnehin knappes und zum Lebensunterhalt unentbehrliches Einkommen in unzulässiger Weise beschränkt werde.

Feststellung ermöglicht, ob der hilfesuchende Arbeitsfähige seinerseits alle Mittel erschöpft hat, um sich durch eigene Kraft den notwendigen Unterhalt zu beschaffen. Aber selbst für den Fall, daß das Vorliegen armenrechtlicher Hilfsbedürftigkeit festgestellt ist, involviert die Unterstützung arbeitsfähiger Personen Gefahren verschiedenster Art, und zwar sowohl für den Unterstützten selbst, wie für die Gesamtheit. Zunächst gilt auch vom unfreiwilligen Müßiggange das Sprichwort „Müßiggang ist aller Laster Anfang", denn die Möglichkeit, daß der Arbeitsfähige durch längeres Nichtsthun an seiner Arbeitsfreudigkeit dauernden Schaden nimmt, ja daß er dem Trunke anheimfällt, liegt keineswegs fern. Aber auch insofern walten gegen die Gewährung von Bar- oder Natural-Unterstützung an arbeitsfähige Personen gewichtige Bedenken ob, als dieselbe eine Beeinträchtigung des mühsam um den notdürftigen Lebensunterhalt ringenden selbständigen Arbeiters darstellt und für letzteren zugleich einen überaus verlockenden Anreiz enthält, sich der Sorgen und Mühen um den Erwerb des Unterhalts zu entschlagen und die Beschaffung desselben ebenfalls der Gemeinde zu überlassen. Die Armenbehörde muß also in erster Linie zwischen denen, die nicht arbeiten können und denen, die nicht arbeiten wollen, unterscheiden können, sie muß aber weiterhin auch in der Lage sein, dem Arbeitsfähigen die erforderliche Unterstützung geeigneten Falls in Form von Arbeit zu gewähren.

Das Reichsgesetz über den Unterstützungswohnsitz behandelt in seinem zehnten Abschnitte lediglich die Beziehungen der Armenverbände zu einander und zu anderweit Verpflichteten, während die Regelung des Verhältnisses des Armenverbandes zum Unterstützten selbst der Landesgesetzgebung überlassen ist, die insbesondere über Art und Maß der zu gewährenden Unterstützung Bestimmung zu treffen hat. Wenn aber in § 62 des Reichsgesetzes dem Armenverbande die Befugnis beigelegt ist, die dem Unterstützten gegen Dritte zustehenden Rechtsansprüche in demselben Umfange geltend zu machen, wie der Unterstützte selbst, so wird folgerichtig dem Armenverbande auch die Befugnis zugestanden werden müssen, zum Zwecke seiner Schadloshaltung die Arbeitskraft des Armen in Anspruch zu nehmen. Zudem gilt überall im Rechtsleben der Grundsatz, daß jeder Berechtigung eine Verpflichtung, jeder Leistung eine Gegenleistung gegenübersteht, sofern nicht durch die Leistungsunfähigkeit des einen Teiles eine Ausnahme begründet wird. Die deutschen Bundesstaaten haben daher durchweg teils in ihren Ausführungsbestimmungen zum Reichsgesetz über den Unterstützungswohnsitz, teils in besonderen Armengesetzen (s. Anl. 1) den Grundsatz aufgestellt, daß die Unterstützung geeigneten Falls auch mittelst Anweisung einer den Kräften des Hilfsbedürftigen entsprechenden Arbeit gewährt werden könne, oder daß der Arme für die ihm verabfolgte Unterstützung die ihm nach Maßgabe seiner Leistungsfähigkeit übertragene Arbeit auszuführen verpflichtet sei.

II.

Die unter Übertragung von Arbeitsleistungen geübte Fürsorge für Arme kann sowohl in offener, als auch in geschlossener Pflege erfolgen.

Schon in einem frühen Stadium ihrer Entwickelung hatte die Armenpflege erkannt, daß gegenüber Personen, welche durch Arbeitsscheu oder Trunksucht einer selbstverschuldeten Verarmung anheimgefallen waren, der Gesichtspunkt der Korrektion in den Vordergrund treten müsse und daß das Ziel, in diesen Individuen durch Gewöhnung an geregelte Thätigkeit den auf Neubegründung eines eigenen Erwerbes gerichteten Willen wiederzuerwecken, nur durch **Unterbringung in einer geschlossenen Anstalt** erreicht werden könne[1]. Dieser Grundsatz ist bis auf den heutigen Tag maßgebend geblieben, sodaß Müßiggängern, Trunkenbolden, Bettlern und liederlichen Frauenzimmern die erforderliche Unterstützung — abgesehen von Krankheitsfällen — möglichst nur in der Form der geschlossenen Pflege durch Aufnahme in ein Armenhaus, oder je nach Lage der Landesgesetzgebung durch Überweisung in eine Zwangsarbeitsanstalt, gewährt wird.

Arbeitseinrichtungen für Zwecke der **offenen Armenpflege** wurden erst viel später, und zwar, soweit bekannt, in größerem Maßstabe zuerst von der im Jahre 1788 begründeten Allgemeinen Armen-Anstalt in Hamburg getroffen; jedoch hat sich auch hier die allgemeine Durchführung des Grundsatzes „Arbeit statt Almosen" schon nach kurzer Zeit als unmöglich erwiesen. Was die in neuerer Zeit auf dem Gebiete der offenen Armenpflege unternommenen Versuche anlangt, arbeitslose Arme gegen Arbeitsleistung zu unterstützen, so unterscheidet Freiherr v. Reitzenstein in seinem bereits erwähnten Referat über „Armenbeschäftigung und Arbeitsnachweis"[2] zunächst zwischen Veranstaltungen der öffentlichen Armenpflege und solchen der **Privatwohlthätigkeit**. Unter den Versuchen der ersteren Art werden besonders hervorgehoben die Bestrebungen der Stadt Elberfeld, woselbst zwischen arbeitsunfähigen und arbeitsfähigen Armen unterschieden und für jene Unterstützung, für diese dagegen in erster Linie die Gewährung von Arbeitsgelegenheit vorgeschrieben ist, deren Verschaffung für gewöhnliche Zeiten den Armenpflegern obliegt, während in Fällen umfangreicher Notstände, wie sie durch Krisen, Geschäftsstockungen, Zurückgehen einzelner Produktionszweige und hierdurch veranlaßte Arbeiterentlassungen zeitweilig herbeigeführt wurden, die Stadt selbst als Arbeitgeberin oder Arbeitsvermittlerin eintrat, indem sie entweder öffentliche Arbeiten, wie Anlegung neuer Straßen, Planierung öffentlicher Plätze, Wiederaufdeckung eines verlassenen Steinbruchs, selbst ausführen ließ, oder die Verwendung der arbeitslos gewordenen Kräfte bei den öffentlichen Arbeiten anderer Ressorts, insbesondere der königlichen Eisenbahndirektion, vermittelte. Die Maßnahmen der privaten Vereinsthätigkeit gliedert v. Reitzenstein in solche, welche ausschließlich oder vorwiegend auf wandernde Arbeitsuchende, namentlich Handwerksgesellen berechnet sind, und in solche, die vornehmlich den am Orte wohnhaften Hilfsbedürftigen zu gute kommen sollen, und gelangt schließlich zu dem Urteil, daß eine planmäßige An-

---

[1] Bereits in der Fundationsordnung des in den Jahren 1619—1622 errichteten Werk- und Armenhauses zu Hamburg wurde dieses Princip ausgesprochen; der Wahrspruch der Anstalt lautete: „Labore nutrior, labore plector".

[2] Schriften des Deutschen Vereins für Armenpflege und Wohlthätigkeit, Heft 4. S. 13—17.

wendung des Grundsatzes, daß arbeitsfähigen Armen die Unterstützung nur durch oder gegen Arbeit zu gewähren sei, zur Zeit dank der Wirksamkeit der Naturalverpflegungsstationen und Antibettelvereine in Bezug auf **wandernde Hilfsbedürftige** in der Herausbildung begriffen sei, daß dagegen zur Beschäftigung der **ortsanwesenden** Bevölkerung angehörigen Arbeitslosen regelmäßige und der Erweiterung fähige Vorkehrungen oder Vorbereitungen im Wege der offenen Armenpflege im ganzen nur vereinzelt und, soweit überhaupt, fast ausschließlich in größeren Städten getroffen seien.

Mit Rücksicht darauf, daß seit der Erstattung jenes, die Arbeitsveranstaltungen der offenen Armenpflege überdies nur beiläufig behandelnden Berichtes 12 Jahre verflossen sind, mußte es die erste Aufgabe des zur speciellen Berichterstattung über „**Arbeitseinrichtungen für Zwecke der offenen Armenpflege**" berufenen Referenten bilden, sich einen Überblick über die in den einzelnen Gemeinden **gegenwärtig bestehenden** Veranstaltungen der fraglichen Art zu verschaffen. Dabei trat an den Berichterstatter zunächst die Frage heran, ob er sich auf Einrichtungen zur Beschäftigung **bereits der Armenpflege anheimgefallener Personen** beschränken, oder auch das Gebiet der **Prophylaxe** in den Bereich der Betrachtung mit einbeziehen solle. Wenn er sich für die letztere, weitere Auffassung seines Themas entschieden hat, so war hierfür insbesondere die Erwägung maßgebend, daß die der Arbeitsverschaffung dienenden **vorbeugenden Maßnahmen** fast ausschließlich der offenen Armenpflege zu gute kommen und daher im weiteren Sinne auch als Arbeitseinrichtungen für Zwecke der offenen Armenpflege gelten können. Das in diesem weiteren Sinne an die sämtlichen 194 im Verein vertretenen deutschen Armenverwaltungen gerichtete Auskunftsersuchen (s. Anl. 2) ist in dankenswerter Weise von 170 Verwaltungen beantwortet worden[1]. Giebt sich schon in dieser verhältnismäßig großen Zahl von Antworten das lebhafte Interesse kund, welches die Armenpflege allen auf die Bekämpfung der Arbeitslosigkeit abzielenden Bestrebungen entgegenbringt, so haben sich überdies einzelne Verwaltungen direkt dahin ausgesprochen, daß sie den auf den vorliegenden Gegenstand bezüglichen Verhandlungen mit besonderer Spannung entgegensähen und von denselben wertvolle Anregungen und Unterlagen für die Schaffung von Einrichtungen erhofften, die nach Sachlage sehr notwendig, jedoch keineswegs überall in dem wünschenswerten Umfange vorhanden seien.

Unter jenen 170 Gemeinden, welche die Umfrage beantwortet haben, befinden sich 64, die, abgesehen von Anstalten der geschlossenen Armenpflege, denen geeigneten Falls auch Arbeitslose überwiesen werden, über keinerlei Arbeitseinrichtungen für Hilfesuchende verfügen[2], während in den übrigen

---

[1] Auskunft haben leider nicht erteilt: Bieberach, Bielefeld, Gernsheim, Gemünd, Görlitz, Graudenz, Hagen i. W., Jena, Königshütte, Konstanz, Lingen, Lüneburg, Magdeburg, Marburg, Oels, Osnabrück, Pforzheim, Ratibor, Schopfheim, Soest, Solingen, Sterkrade, Stralsund, Wismar.

[2] Es sind die Städte: Altenessen, Altona, Anclam, Barmen, Berlin, Beuthen, Biebrich, Borbeck, Bremerhaven, Bromberg, Celle, Coblenz, Cöthen, Cottbus, Dessau, Döbeln, Dortmund, Duisburg, Eilenburg, Forst i. L., Glauchau, Gleiwitz, Glogau, Göppingen, Grünberg, Guben, Halberstadt, Harburg, Insterburg, Iserlohn, Karlsruhe, Kiel, Landsberg a. W., Langenbielau, Lauban, Linden, Mannheim, Meerane,

106 Gemeinden gewisse Veranstaltungen dieser Art getroffen sind. Dieselben gliedern sich zunächst in Einrichtungen, welche bezwecken, den durch Arbeitslosigkeit hilfsbedürftig Gewordenen vor dem Anheimfallen an die öffentliche Armenpflege zu bewahren, und in solche, die darauf abzielen, entweder den Hilfsbedürftigen durch Arbeit zu unterstützen oder als Äquivalent für die ihm in anderer Form gewährte Armenunterstützung seine Arbeitskraft zu Gunsten des Armenverbandes auszunutzen. Die der Vorbeugung gewidmeten Veranstaltungen lassen sich wiederum in zwei Gruppen sondern, jenachdem die Armenbehörde dem Hilfesuchenden zur Erlangung privater Beschäftigung behilflich ist, oder aber ihm freie Arbeit bei anderen Zweigen der Gemeindeverwaltung, insbesondere bei der Bauverwaltung, vermittelt.

A. Arbeitseinrichtungen vorbeugender Natur.

1. Verbindung zwischen Armenpflege und Arbeitsnachweis.

Wenn durch die Verhandlungen der Jahresversammlung von 1887 über „Armenbeschäftigung und Arbeitsnachweis" der Wunsch hindurchklang, daß es in immer weiterem Umfange gelingen möge, durch ein planmäßiges Zusammenwirken zwischen Armenpflege und Arbeitsnachweis den letzteren mehr und mehr zu einem wirksamen Mittel vorbeugender Armenfürsorge auszugestalten, so hat die Umfrage ergeben, daß gegenwärtig hilfesuchende Arbeitsfähige — zum Teil auch solche weiblichen Geschlechts — vielfach vor näherem Eingehen auf ihr Gesuch an städtische oder private Arbeitsvermittelungsstellen verwiesen werden. Dieses Verfahren wird geübt in Aschersleben, Bonn, Breslau, Charlottenburg, Cöln, Elberfeld, Elbing, Essen, Frankfurt a. O., Freiburg, Gießen, Halle a. S., Hannover, Heidelberg, Hildesheim, Königsberg i. Pr., Mainz, Mülheim a. Rh., Münster i. W., Nürnberg, Quedlinburg, Sangerhausen, Siegen, Stoppenberg, Thorn, Ulm und Wandsbeck. Es liegt indessen auf der Hand, daß mit der bloßen Verweisung an den Arbeitsnachweis nur der erste Schritt auf dem Wege nach jener festen Verbindung zwischen Armenpflege und Arbeitsnachweis gethan ist, wie sie bei den damaligen Verhandlungen des Vereins als wünschenswert bezeichnet wurde. Erreicht ist das Ziel erst, wenn die Armenpflege auch darüber unterrichtet wird, ob der Hilfesuchende den Arbeitsnachweis wirklich in Anspruch genommen hat und mit welchem Erfolge; derartige weitergehende Einrichtungen bestehen bislang erst in Aachen, Erfurt, Gotha, Hamburg, Stuttgart und Ulm.

In Aachen werden die an die Arbeitsnachweisanstalt verwiesenen Hilfesuchenden angehalten, täglich zu einer festgesetzten Stunde im Armen-Kontrollbureau zu erscheinen und an der Hand eines ihnen übergebenen

---

Merseburg, Metz, Mühlhausen i. Th., Mühlheim a. d. Ruhr, Neumünster, Neuwied, Nordhausen, Oberhausen, Oldenburg i. Gr., Pirna, Plauen, Posen, Rawitsch, Remscheidt, Schmölln, Schönebeck, Schwerin i. M., Schwiebus, Sorau, Spandau, Stolp, Trier, Viersen, Weißenfels, Wesel, Zwickau.

Ausweises (s. Anl. 3) darzuthun, daß sie sich regelmäßig bei der Arbeits=
nachweisanstalt melden.

In Erfurt erteilt der Arbeitsnachweis der Armenverwaltung Aus=
kunft, ob die arbeitsfähigen Personen, welche wegen Arbeitslosigkeit um
Unterstützung nachgesucht hatten und an den Arbeitsnachweis verwiesen
waren, sich daselbst thatsächlich erfolglos um Arbeit bemüht haben.

Gotha benutzt den Arbeitsnachweis als Auskunftsstelle, falls Unter=
stützung mit der Behauptung begehrt wird, daß Arbeit nicht zu finden sei.

In Hamburg hat die Armenverwaltung mit 55 Arbeitsnachweisen
ein Abkommen getroffen, wonach sich die letzteren verpflichtet haben, die ihnen
mittelst besonderen Formulars (s. Anl. 4) überwiesenen Personen in derselben
Weise wie sonstige Arbeitsuchende zu berücksichtigen und auf der Rückseite
des Formulars über den Erfolg der Meldung umgehend Auskunft zu erteilen.
Die Pflegeorgane, welche generell angewiesen sind, arbeitsfähige Hilfesuchende
vor Gewährung von Unterstützung thunlichst an einen geeigneten Arbeits=
nachweis zu verweisen, erhalten entweder alsbald eine Mitteilung über den
Erfolg der Meldung bei dem Arbeitsnachweis, oder sie können aus dem
Ausbleiben einer solchen entnehmen, daß sich der Arme bei dem Arbeits=
nachweis nicht gemeldet, sich also nicht ernstlich um die Erlangung von
Beschäftigung bemüht hat.

In Stuttgart besteht zwischen dem Armenamt und dem städtischen
Arbeitsamt eine Abmachung[1] dahin, daß ersteres alle mehr oder minder
arbeitsfähigen Erwerbslosen ohne Rücksicht auf Alter, Stand und Geschlecht
zur sofortigen Inanspruchnahme der städtischen Arbeitsvermittlung dem
Arbeitsamte zuzuweisen hat. Das letztere bringt etwaige Empfehlungen
der Armenbehörde oder ihrer Organe zur Kenntnis derjenigen städtischen
Verwaltungen, bei welchen der Bewerber Arbeit sucht, jedoch ist das Arbeits=
amt nicht verpflichtet, die vom Armenamt Zugewiesenen ihrer Hilfsbedürftig=
keit wegen vor anderen Arbeitsuchenden zu bevorzugen. Ist Arbeitsmangel
die einzige Ursache der Hilfsbedürftigkeit einer alleinstehenden Person und
liegt sonst keine Dringlichkeit vor, so wird die Protokollierung und Weiter=
behandlung des Unterstützungsgesuches bis zum Nachweis der Inanspruch=
nahme der städtischen Arbeitsvermittlung ausgesetzt. Im Falle der un=
begründeten Ablehnung der städtischen Arbeitsvermittlung oder der ver=
mittelten Arbeit wird dem alleinstehenden Hilfesuchenden öffentliche Unter=
stützung verweigert, bei Familienhäuptern zwar den Angehörigen Unter=
stützung gereicht, gegen erstere aber mit Verhängung von Arbeitszwang
gemäß Art. 14 des Gesetzes vom 2. Juli 1889 oder mit Antrag auf Be=
strafung vorgegangen. Erwachsene Söhne oder Töchter werden unter An=
drohung des Verlustes der Unterstützung des Familienhauptes angehalten,
die Inanspruchnahme der städtischen Arbeitsvermittlung nachzuweisen.

In Ulm fragt, sobald ein Arbeitsfähiger um Unterstützung nachsucht,
die Armenverwaltung bei dem städtischen Arbeitsnachweisbureau an, ob
Arbeiter gesucht werden, bezw. welche Verwendung für verfügbare Arbeits=

---

[1] Vergl. Dr. Rettich, Die Stuttgarter Armenbevölkerung im Lichte der Statistik.
Stuttgart 1898. S. 56 f.

kräfte vorhanden ist. Erscheint der Hilfesuchende für die betreffende Arbeit geeignet, so wird er unter Verabfolgung einer entsprechenden Anweisung auf die vorhandene Arbeitsgelegenheit aufmerksam gemacht.

Eine nähere Verbindung zwischen Armenpflege und Arbeitsnachweis wird neuerdings auch in Dresden geplant. Nach einem in Nr. 8 des „Helfer" abgedruckten Schreiben des dortigen Armenamts vom 26. April 1899 sollen die Obmänner der Armenpflegevereine angewiesen werden, Personen, die bei ihnen um Unterstützung nachsuchen, in dazu geeigneten Fällen, vielleicht mittelst Empfehlungskarten, an Innungen, Vereine und sonstige Körperschaften, die sich mit Nachweisung von Arbeit befassen, zu verweisen.

Eine weitere Stufe der Entwicklung repräsentiert die Arbeitsnachweisungs=anstalt zu Leipzig, welche im Jahre 1843 vom dortigen Armenamte begründet wurde und noch heute der unmittelbaren Leitung desselben untersteht. Die Anstalt hat es sich zur Aufgabe gemacht, nicht nur solchen Armen Stellung zu verschaffen, welche bereits aus der Armenkasse unterstützt werden, sondern auch Personen, die Unterstützung noch nicht empfangen, die jedoch, wenn ihnen ein Broterwerb nicht verschafft wird, der öffentlichen Unterstützung zur Last fallen würden, Arbeit zu vermitteln. Zur Bequemlichkeit des Arbeitskräfte suchenden Publikums sind über die ganze Stadt verteilte Sammelstellen errichtet, woselbst die Entgegennahme von Aufträgen erfolgt, die dann zweimal täglich durch den Armenboten zur Centralstelle befördert werden. Damit der Anstalt das Vertrauen der Arbeitgeber erhalten bleibe, soll nur zuverlässigen, ordentlichen und nüchternen Leuten Arbeit zugewiesen werden und sind die Pflegeorgane besonders darauf hingewiesen, daß laufend unterstützten Armen nur auf Grund eines die Würdigkeit konstatierenden pflegerischen Attestes Arbeit nachgewiesen würde. Die Anstalt, welche vorzugsweise von Frauen benutzt wird, weist fast ausschließlich solche Erwerbsthätigkeiten nach, welche einer besonderen Erlernung nicht bedürfen oder zu deren Ausübung eine kurze Anweisung genügend ist.

2. Direkte Arbeitsvermittelung bei Privaten.

Auf der Grundlage der dem Elberfelder System eigenen Decentralisation der Armenpflege hat sich vielfach eine weitgehende Arbeitsfürsorge durch die ehrenamtlichen Organe insofern herausgebildet, als Bezirksvorsteher und Pfleger bemüht sind, die ihnen zugewiesenen Hilfsbedürftigen dadurch von der Armenpflege fernzuhalten, daß sie ihnen im eigenen Betriebe oder durch persönliche Intervention bei bekannten Arbeitgebern Beschäftigung zu vermitteln suchen. Über den Erfolg derartiger Bestrebungen wird namentlich aus rheinischen und westfälischen Städten Günstiges berichtet, so aus Bochum, Bonn, Cöln, Crefeld, Essen, Haspe, Lennep, Meiderich, Mülheim a. Rh., Neunkirchen, Münster i. W., Ruhrort, St. Johann, Siegen. Die Stadt Crefeld hebt besonders hervor, es werde, um die Arbeitsverschaffung zu erleichtern, thunlichst dafür Sorge getragen, daß in allen Armenbezirken Bauhandwerker und industrielle Werkmeister als Pfleger erwählt würden, während Essen berichtet, daß die Armenpfleger mit zahlreichen Arbeitgebern dauernd in

Verkehr ständen und daß insbesondere auch seit vielen Jahren stets Beamte bedeutender industrieller Werke in der Armenpflege ehrenamtlich thätig seien, denen in ihrer Privatstellung die Arbeiterannahme unterstellt sei oder die Beschaffung von Hilfsarbeitern obliege, sodaß es dem Pfleger bei normaler Konjunktur in der Industrie unschwer gelinge, einem gesunden arbeitswilligen Menschen Arbeitsgelegenheit zu vermitteln.

Zu erwähnen bleibt an dieser Stelle noch, daß an einzelnen Orten die Armenbehörde mit Erfolg bemüht ist, Hilfesuchende in der Weise vor der Verarmung zu bewahren, daß sie ihnen das zum selbständigen Betriebe häuslicher Erwerbsarbeiten erforderliche Arbeitsgerät verabfolgt. So waren im Frühjahr 1899 in Elberfeld — zumeist an weibliche Familienhäupter — ausgegeben und im Betriebe 25 Spulmaschinen, 6 Spulräder, 10 Nähmaschinen, 1 Bandhaspel, 2 Webstühle, 1 Strickmaschine. Eine größere Anzahl derartiger Maschinen hält die Armenverwaltung stets auf Lager, um in geeigneten Fällen damit aushelfen zu können; dieselben werden nur leihweise verabfolgt und unter Kontrolle gehalten. Auch in Hamburg kommen Fälle derartigen vorbeugenden Eingreifens vor; insbesondere finden die Mittel des lediglich prophylaktischen Zwecken dienenden, über 45—50 000 Mk. jährlich verfügenden „Specialfonds der allgemeinen Armen-Anstalt" nicht selten zur Beschaffung von Handwerkszeug und dergl. für solche Personen Verwendung, welche ihre Geräte eingebüßt haben und sich dadurch genötigt sehen, öffentliche Hilfe in Anspruch zu nehmen.

In der nämlichen Richtung bewegen sich auch — insbesondere an Orten, wo das Elberfelder System nicht eingeführt ist, — die Bemühungen der berufsamtlichen Organe der Armenbehörde. Man bedient sich zum Zwecke der Ermittlung offener Arbeitsstellen namentlich der Tagespresse und veranlaßt geeignete Hilfesuchende, an den ihnen ausgegebenen Stellen um Arbeit anzusprechen. Die sehr wünschenswerte Kontrolle darüber, ob der Arme bei den ihm bezeichneten Arbeitgebern auch wirklich um Beschäftigung nachgesucht hat, wird in Aachen, ähnlich wie gegenüber den an die Arbeitsnachweisanstalt verwiesenen Personen, dadurch geübt, daß sich der Arme täglich im Kontrollbureau der Armenverwaltung zu melden und an der Hand eines Formulars (Anl. 5) entsprechenden Nachweis zu liefern hat.

Sowohl von den ehrenamtlichen, als auch von den berufsamtlichen Organen der Armenpflege können endlich gewisse Arbeitseinrichtungen benutzt werden, welche an einzelnen Orten von gemeinnützigen Privatvereinen ins Leben gerufen sind, um vorübergehend beschäftigungslos gewordenen Personen unter voller Wahrung ihrer wirtschaftlichen Selbständigkeit Arbeitsgelegenheit zu bieten und sie dadurch vor dem Anheimfall an die öffentliche Armenpflege zu bewahren. Hierhin gehören die von der „Gesellschaft zur Fürsorge für entlassene Strafgefangene für Barmen und Elberfeld" in einem von der erstgenannten Stadt hergegebenen Lokal unterhaltene Arbeitsstelle, welcher aus beiden Städten Arbeitslose zugewiesen werden können, ferner die Arbeitsstätte des von der Stadt mit 6000 Mk. subventionierten „Vereins gegen Armennot und Bettelei" in Dresden, sowie die gleichartige vom „Armenunterstützungsverein" in Königsberg i. Pr. zur

Beschäftigung Arbeitsloser im Winter ins Leben gerufene Veranstaltung. Die Arbeit besteht in Barmen-Elberfeld und Dresden in Holzzerkleinern auf der Arbeitsstelle selbst. In Königsberg werden daneben andere Gelegenheitsarbeiten verrichtet, sowie geeignete Arbeitskräfte zum Holzzerkleinern, zu Transporten, zum Schneeräumen und ähnlichen Verrichtungen Privatleuten zugewiesen; auch ist hier eine Abmachung mit der Gefängnisverwaltung dahin getroffen, daß im Winter Gefangene zu solchen Arbeiten, wie sie der Verein vergiebt, nicht verwendet werden. In Barmen-Elberfeld kann der Verdienst die Höhe des Durchschnittslohnes eines Fabrikarbeiters erreichen; in Dresden, wo die Intentionen mehr darauf gerichtet sind, älteren nicht mehr voll erwerbsfähigen Personen Gelegenheit zum Erwerb eines Notpfennigs oder Nebenverdienstes zu gewähren, schwankt derselbe je nach Leistungsfähigkeit und Arbeitszeit zwischen 3 und 12 Mk. pro Woche.

Über eine besondere Art der Arbeitsvermittelung im Interesse der Armenpflege berichtet die Armenverwaltung in Saarbrücken, die lediglich Naturalunterstützung, und zwar durch Vermittelung des lokalen Frauenvereins verabfolgt. Arbeitsfähige Personen haben beim Anbringen eines Unterstützungsgesuches zunächst nachzuweisen, daß sie sich selbst ernstlich um Arbeit bemüht haben; wird dieser Nachweis erbracht, so sucht ihnen die Vorsitzende des Frauenvereins bei Großindustriellen oder Gewerbetreibenden Arbeit zu verschaffen, was ihr infolge ihrer ausgedehnten Beziehungen zu Arbeitgebern in der Regel gelingt. Zum Beweise der Vortrefflichkeit dieses eigenartigen Systems weist die Stadt darauf hin, daß der Armenetat der 22 000 Seelen zählenden Gemeinde einen Zuschuß von nur 18 000 Mk. erfordere.

3. Vermittelung von Gemeindearbeit.

In einer großen Anzahl von Gemeinden läßt die Armenverwaltung es sich angelegen sein, Hilfesuchende dadurch vor der Verarmung zu bewahren, daß sie denselben, insbesondere durch Empfehlung an die Bauverwaltung, zu angemessener Beschäftigung im Dienste der Gemeinde verhilft. Dabei handelt es sich teils um voll erwerbsfähige Personen, teils aber auch um solche Arbeitslose, die infolge ihres höheren Alters oder besonderer Gebrechen auf dem offenen Arbeitsmarkte keine lohnende Thätigkeit mehr finden können und denen im Dienste der Gemeinde Gelegenheit geboten wird, sich das zu ihrem Unterhalt Erforderliche als Arbeiter zu erwerben, ohne daß der ihnen gewährte Lohn etwa den Charakter eines Almosens annähme. Regelmäßig wird dabei zur Bedingung gemacht, daß der Hilfesuchende in der betreffenden Gemeinde den Unterstützungswohnsitz besitzt. Eine derartige Verschaffung von Gemeindearbeit findet statt in Altendorf, Apolda, Breslau, Cannstatt, Eberswalde, Frankfurt a. O., Freiberg i. S., Gera, Gießen, Hamburg, Hameln, Hildesheim, Kreuznach, Langenberg, Ludwigsburg, Meiningen, Mülheim a. Rh., Nieder-Wildungen, Rathenow, Reichenbach i. V., Rostock, Rudolstadt, Saarbrücken, Sagan, Stuttgart, Thorn, Wald, Wandsbeck, Wiesbaden, Worms, Zeitz und Zittau.

Was die Art der Beschäftigung anlangt, so handelt es sich im wesentlichen um leichtere Straßenarbeit, insbesondere bei der Straßenreinigung, doch kommen auch andere Arbeitszweige in Frage.

So werden in Altendorf Hilfesuchende auch im Gemeindesteinbruch gegen einen ihren Leistungen entsprechenden Tagelohn beschäftigt, der sich auf 1,50—3 Mk. stellt; die Leute werden als freie Arbeiter behandelt, und erst wenn der Verdienst zur Ernährung der Familie nicht hinreicht, wird eine Unterstützung aus Armenmitteln gewährt.

In Freiberg i. S. werden Personen, welche sich wegen Beschäftigungslosigkeit an die Armenpflege wenden, in der im Armenhause befindlichen Holzspalterei, Schuhmacherei und Wäscherei gegen Lohn beschäftigt, wobei ihnen von vornherein eröffnet wird, daß ihnen diese Arbeit nur für einige Wochen gewährt werden könne und sie sich daher inzwischen um andere Beschäftigung zu bemühen hätten.

Die Stadt Gießen gewährt Hilfsbedürftigen, um sie von der Armenpflege fernzuhalten, je nach der Befähigung leichtere oder schwerere Arbeit bei dem Stadtgärtner, dem Friedhofsaufseher oder dem Stadtbauamt.

Mit der Allgemeinen Armen-Anstalt in Hamburg ist seit Ende des vorigen Jahrhunderts eine Arbeitsanstalt verbunden. Während man ehedem allen arbeitsfähigen Armen durch Arbeitsanweisung (Spinnen u. dergl.) zu helfen bemüht war, beschränkt sich die Thätigkeit der Arbeitsanstalt jetzt auf die Herstellung derjenigen Gebrauchsstücke, welche nach der Geschäftsordnung an Arme geliefert werden. Es handelt sich dabei um Hemden, Unterröcke, Unterhosen, Knabenanzüge, Mädchenkleider, Strümpfe, Strohsäcke und Bettlaken. Während die Mädchenkleider schon seit einiger Zeit von Frauen gefertigt werden, welche sich durch diese Thätigkeit selbständig ernähren, wurden die übrigen Gegenstände bis jetzt von einem angestellten Werkmeister zugeschnitten und durch Frauen gegen überaus bescheidene Lohnsätze gefertigt. Die Zahl der beschäftigten Arbeiterinnen betrug im Jahre 1898: 244 (172 Näherinnen und 72 Strickerinnen), wovon etwa die Hälfte unterstützte Arme waren; das verarbeitete Material hatte einen Wert von etwa 51 000 Mk. und an Löhnen wurden ca. 10 000 Mk. verausgabt. Nunmehr ist indessen der Beschluß gefaßt worden, die Arbeitsanstalt in ihrer seitherigen Verfassung aufzuheben und die Beschaffung der an Arme zu liefernden Bekleidungs- und Bettstücke (mit Ausnahme der Mädchenkleider) nach Vereinbarung mit den Frauenvereinen in der Weise zu bewirken, daß das Rohmaterial von der Allgemeinen Armen-Anstalt geliefert, die Verarbeitung aber durch die Vereinsarmen beschafft werden soll. Trotz des durch die Erhöhung der Löhne auf einen angemessenen Satz bedingten Mehraufwandes hat man sich zu der Neuerung entschlossen, weil mit der letzteren nicht nur eine Vereinfachung des Betriebes verbunden und eine bessere Gewähr für gute Arbeit gegeben ist, sondern vor allen Dingen eine nicht geringe Anzahl jüngerer, an sich erwerbsfähiger Frauen von der öffentlichen Armenpflege ferngehalten werden kann, während bei dem bisherigen System durchweg nur alten und ohnehin hilfsbedürftigen Frauen ein geringer Nebenverdienst (bis 30 Mk. jährlich) verschafft wurde.

Auch die Armenverwaltung in Saarbrücken läßt an Arme zu verabfolgende Gebrauchsstücke durch hilfesuchende Frauen oder Handwerker anfertigen.

In Wandsbeck werden Hilfsbedürftige durch Beschäftigung in dem Landwirtschaftsbetriebe des Armen- und Waisenhauses zeitweilig von der öffentlichen Armenpflege ferngehalten.

In Wiesbaden werden nicht nur Männer zur Beschäftigung an die Bauverwaltung verwiesen, sondern auch Frauen vom Stadtbauamt auf Empfehlung der Armenverwaltung zur Reinigung städtischer Gebäude angenommen. Bei Familien mit großer Kinderzahl wirkt die Armenverwaltung dahin, daß auch arbeitsfähige Söhne Beschäftigung beim Stadtbauamt erhalten.

In Worms wird Hilfesuchenden, um sie von der Armenpflege fernzuhalten, Gelegenheit zur Arbeit in städtischen Betrieben, z. B. bei Wiesenkulturen, in Kiesgruben und in der Stadtgärtnerei gegeben.

Abgesehen von der vorstehenden, durch die Jahreszeit oder besondere Notstände nicht bedingten Arbeitsvermittlung sind in vielen Gemeinden für Zeiten allgemeinerer Arbeitslosigkeit besondere Vorkehrungen getroffen, indem alsdann entweder Erdarbeiten oder dergleichen eigens in Angriff genommen, oder aber gewisse alljährlich zu bewirkende Arbeiten für diese Zeit zurückgestellt und zu deren Beschaffung Personen, die andernfalls der Armenpflege zur Last fallen müßten, namentlich die im Winter beschäftigungslosen Bauhandwerker, verwendet werden. Von den „Notstandsarbeiten" im eigentlich technischen Sinne unterscheiden sich diese Arbeiten dadurch, daß dort Unterstützung in Form von Arbeit gewährt wird und der Lohn daher den Charakter einer Armenunterstützung annimmt, während es sich hier um ein freies, prophylaktischen Zwecken dienendes Arbeitsverhältnis handelt. Notarbeit in diesem letzteren Sinne gewähren gegebenen Falls die Gemeinden Charlottenburg, Chemnitz, Colberg, Danzig, Darmstadt, Düren, Eberswalde, Elbing, Gera, M.-Gladbach, Hamburg, Heidelberg, Königsberg i. Pr., Meiderich, Neunkirchen, Rheydt, St. Johann, Sangerhausen, Straßburg i. E. und Stuttgart. Es werden dabei in erster Linie verheiratete, am Orte unterstützungswohnsitzberechtigte Personen berücksichtigt und besteht die Beschäftigung in Steinschlagen, Kiesgewinnung, Erdarbeit, Wegebau, Meliorationen, Holzfällen, Kanalreinigung und dergl. Die Arbeiten werden teils im Accord, teils im Tagelohn ausgeführt; der letztere erreicht vereinzelt die normalen Sätze, meist hält er sich unterhalb derselben und wird nötigenfalls durch Gewährung von Armenunterstützung ergänzt. Königsberg bedient sich auch bei Vergebung derartiger Arbeiten der Vermittlung des vom Armenunterstützungsverein mit städtischer Subvention unterhaltenen ständigen Arbeitsnachweisbureaus, dem dieselben nach vorher vereinbarten Grundsätzen gemeldet werden.

4. Vorbeugende Arbeitsvermittelung zu Gunsten Unterstützter.

Die vorstehend gekennzeichneten Wege sind nicht bloß gangbar, wenn es sich darum handelt, arbeitsfähige Hilfesuchende durch Vermittelung oder

Zuweisung von Arbeit vor dem Anheimfallen an die öffentliche Armenpflege zu bewahren, sondern jene Bahnen werden durchweg auch dann noch beschritten werden können, wenn wegen Dringlichkeit des Falles oder weil die auf Arbeitsverschaffung gerichteten Bemühungen erfolglos geblieben waren, die öffentliche Armenpflege zunächst einzugreifen hatte und es sich nun darum handelt, durch Vermittelung geeigneter Beschäftigung fernerer Verwendung öffentlicher Mittel vorzubeugen. Der umsichtige Pfleger wird nie vergessen, daß seine höchste und vornehmste Pflicht darin besteht, dem Armen thunlichst wiederum zu wirtschaftlicher Selbständigkeit zu verhelfen, und dieser Aufgabe wird er vielfach erfolgreicher gerecht werden können, nachdem er mit der Eigenart seines Pflegebefohlenen näher vertraut geworden ist.

So wendet Aachen das oben geschilderte Überweisungsverfahren auch gegenüber Unterstützten an und stellt die Unterstützung ein, sobald die Meldung im Kontrollbureau unterbleibt, indem alsdann unterstellt wird, daß es dem Betreffenden an ernstem Willen zur Arbeit fehle oder daß er anderweit Beschäftigung gefunden habe.

Halle fordert, sobald eine Vakanz, die ein Unterstützter auszufüllen vermag, bekannt wird, einen geeigneten Armen zur Übernahme der Arbeit auf und stellt im Falle unbegründeter Ablehnung die Unterstützung ein.

Auch in Hamburg werden nicht selten Unterstützte an einen Arbeitsnachweis verwiesen oder von den Pflegeorganen in Arbeitsstellen gebracht. Besonders günstige Erfolge sind in letzterer Hinsicht von den in der öffentlichen Armenpflege thätigen Frauen erzielt worden, die vielfach weiblichen Hilfsbedürftigen in eigenem Hausstande oder in ihrem Bekanntenkreise Arbeit als Scheuerfrauen, Näherinnen u. s. w. verschaffen konnten und deren rastlosem Eifer es auch in einzelnen Fällen gelungen ist, männlichen Familienhäuptern Stellung zu vermitteln. Weniger glücklich verlief der in Hamburg unternommene Versuch, einer bestimmten Kategorie von Unterstützten, den sogenannten Halbinvaliden, zu selbständigem Erwerbe zu verhelfen. Um diesen Personen, die einerseits von ihrer Unfallrente ihr Dasein nicht fristen, andererseits aber auch nur sehr schwer eine ihnen die Ausnutzung des noch vorhandenen Restes von Arbeitskraft ermöglichende Thätigkeit finden können, Beschäftigung zu verschaffen, hat die Armenverwaltung versucht, durch entsprechende Bekanntmachung in den „Blättern für das Hamburgische Armenwesen" ihre gesamten ehrenamtlichen Organe — etwa 1700 Personen — für diese besonders bedauernswerten Hilfsbedürftigen zu interessieren, indem sie sich gleichzeitig bereit erklärte, einem Antrage auf Befreiung von der Versicherungspflicht gemäß § 3 a des Krankenversicherungsgesetzes zuzustimmen. Nennenswerte Erfolge sind indessen auf diesem Wege nicht erzielt worden.

B. Arbeitseinrichtungen der offenen Armenpflege.

Die öffentliche Armenpflege macht, wie bereits erwähnt, von der ihr gesetzlich zustehenden Befugnis, arbeitsfähige Arme gegen Arbeitsleistung zu unterstützen, in zwei verschiedenen Formen Gebrauch. Entweder empfängt der Arme die Mittel zum notwendigen Unterhalt in Gestalt einer Vergütung für die von ihm auf Veranlassung der Armenbehörde geleistete Arbeit (Unterstützung durch Arbeitsgewährung), oder aber er hat als Äquivalent für die ihm gereichte Unterstützung die ihm nach Maßgabe seiner Leistungsfähigkeit angewiesene Arbeit nachträglich zu verrichten (Unterstützung gegen Arbeitsleistung). Beiden Unterstützungsformen ist gemeinsam, daß das, was der Hilfsbedürftige empfängt, sich nicht nach den für die freie Erwerbsthätigkeit geltenden Grundsätzen, sondern nach Gesichtspunkten der Armenpflege bestimmt.

1. Unterstützung durch Arbeitsgewährung.

a. Fürsorge für wandernde Hilfsbedürftige.

Auf diesem Gebiete kommen hauptsächlich die Naturalverpflegungs= stationen in Betracht, die an Stelle der regellos gespendeten Geldalmosen eine geregelte Naturalverpflegung durch die Station zu setzen und zugleich in dem Hilfsbedürftigen das Bewußtsein wachzuhalten bestrebt sind, daß er nicht ohne Gegenleistung empfange. Solche Naturalverpflegungsstationen bestehen an zahlreichen Orten Deutschlands, insbesondere auch auf dem Lande; sie werden teils von den Gemeinden, teils von Wohlthätigkeits= vereinen unterhalten, welche letzteren mitunter von der Gemeinde durch Geld oder durch Gewährung eines passenden Lokals, das ihnen dieselbe umsonst oder gegen eine geringe Miete zur Verfügung stellt, subventioniert werden. Wandernde Handwerksgesellen werden in der Station zu einer bestimmten Arbeitsleistung, die meist in Holzzerkleinern besteht, herangezogen und erhalten dafür eine warme Mahlzeit oder auch Nachtquartier. Über Einrichtungen dieser Art wird aus Brandenburg, Coburg, Düsseldorf, Frei= berg i. S., Gera, Göttingen, Greiz, Hameln, Hanau, Hildesheim und Zittau berichtet, und zwar können auch da, wo die Naturalverpflegungsstation eine kommunale Einrichtung nicht bildet, geeignete Hilfesuchende seitens der Armenverwaltung an dieselbe verwiesen werden. Gera, woselbst die Arbeitszeit für Personen mit Legitimation auf andert= halb Stunden, für Personen ohne solche auf 3 Stunden bemessen ist, bemerkt, daß wegen Benutzung der Naturalverpflegungsstationen mit den Nachbar= gemeinden entsprechende Abmachungen getroffen seien; Greiz verabfolgt im Durchschnitt an monatlich 200 Personen nach einstündiger Arbeit im städtischen Bauhof eine Marke, für welche dem Wanderer in der Herberge zur Heimat entweder eine warme Mahlzeit oder ein Nachtquartier ge= währt wird.

Über besondere Arbeitseinrichtungen für hilfsbedürftige Wanderer ver= fügen die Städte Ulm und Worms. Hier können sich solche Personen durch Beschäftigung in einer städtischen Kiesgrube Mittel zur Beschaffung von Schuhwerk erwerben, während dort den vielfach um Geldunterstützung oder um Abgabe von Schuhen, Kleidern u. s. w. nachsuchenden, hauptsäch= lich aus Bayern verschubten Hilfsbedürftigen Gelegenheit geboten wird, sich durch 2—5 tägige Arbeitsleistung in der sonst nur den Zwecken der ge= schlossenen Pflege dienenden Armenbeschäftigungs= und Bewahranstalt „Niederländerhof" durch Holzspalten, Dreschen oder andere entsprechende

Arbeitsleistung die notwendigen Bedürfnisse zu verdienen. Seit Einführung dieser Art der Verabreichung von Unterstützung ist die Zahl der betreffenden Gesuche von 2—300 auf 100 im Jahre zurückgegangen.

b. **Arbeitseinrichtungen für seßhafte Hilfsbedürftige.**

Der Zweck der diesbezüglichen Veranstaltungen ist, der Armenbehörde jederzeit die Möglichkeit zu gewähren, Hilfsbedürftigen, und zwar vornehmlich solchen, deren Arbeitslust zweifelhaft erscheint, die erforderliche Unterstützung in der Form von Gemeindearbeit zu bieten.

Die in Coburg, Frankfurt a. O., Greiz, Mainz, Oschersleben und Sangerhausen getroffenen Einrichtungen erstrecken sich lediglich auf die Beschäftigung Hilfsbedürftiger mit Straßenarbeit. In Frankfurt a. M. wird zwischen Familienvätern und ledigen Leuten, die nicht Ernährer ihrer Eltern, Geschwister u. s. w. sind, unterschieden und ersteren in besonderen Ausnahmefällen durch Zuweisung an das Tiefbauamt oder an den Armenverein Beschäftigung vermittelt, letzteren hingegen Armenunterstützung in Form von Arbeit in der Weise gewährt, daß sie der Verwaltung des Armenhauses mittels besonderen Formulars (s. Anl. 6) zur Beschäftigung zugewiesen werden. Dieselbe besteht in Holzschlagen, Steinklopfen, Gartenarbeit, Kaffeebelesen, Roßhaarzupfen u. s. w. und wird die Arbeit entweder stundenweise, oder im Accord gelohnt, wobei indessen die Bezahlung hinter dem ortsüblichen Tagelohn zurückbleibt, um den Antrieb zur Erlangung freier Arbeit, deren thunlichste Beschaffung dem Unterstützten ausdrücklich zur Pflicht gemacht wird, aufrecht zu erhalten. Im Jahre 1898 wurden in dieser Weise 67 Personen an 3217 Tagen beschäftigt. In Hanau findet ein Armenpflegling als Schreiber im Bureau der Armenverwaltung Verwendung, auch werden daselbst Schneider und Schuhmacher mit in ihr Fach einschlagenden Arbeiten für die Verwaltung beschäftigt. Weimar beschäftigt Arme in der Holzspaltanstalt. Witten hält Strickarbeit bereit, die aber durchweg zurückgewiesen wird. Eine besondere, hierher gehörende Form der Unterstützung wird von Alters her in Hamburg würdigen Staatsangehörigen, welche das 60. Lebensjahr überschritten haben, durch Aufnahme unter die Veteranen der Baudeputation gewährt. Die Veteranen werden als Wächter, Aufseher in öffentlichen Anlagen u. s. w. beschäftigt und erhalten hierfür in der Form eines Lohnes, jedoch aus öffentlichen Armenmitteln, pro Tag 75 Pf., und wenn sich Gelegenheit zu ausgiebigerer Beschäftigung bietet, eine nach dem Ermessen der Baudeputation und aus deren Mitteln zu zahlende sogenannte Funktionszulage. Die Zahl der Veteranen betrug am Schlusse des Jahres 1898 490, und waren für dieselben an die Baudeputation rund 140 000 Mk. zu zahlen. In Offenbach endlich sind das ganze Jahr hindurch etwa 300 arbeitslose oder erwerbsbeschränkte Personen mit Straßenarbeit, Kanalherstellung oder Reinigung, Laternenanzünden, Friedhofsarbeiten, Arbeit in den städtischen Anlagen nach festen Accordlohnsätzen, welche geringer sind, als die Lohnsätze für freie Arbeiter beschäftigt. Nach einem jüngst erlassenen neuen Regulativ soll das Stadtbauamt sämtlichen Gesuchen um Beschäftigung seitens solcher Personen, welche in Offenbach den Unterstützungswohnsitz haben, thunlichst stattgeben. Die Hilfsbedürftigen werden je nach ihrer Leistungsfähigkeit bestimmten Lohnklassen zugeteilt und steht ihnen gegen diese Zuteilung ein Beschwerderecht an den Bauauschuß, in welchem auch die Arbeiter vertreten sind, zu. Ergiebt die Abschätzung der Arbeitskraft einen Lohnsatz von weniger als 14 Pf. pro Stunde, so entscheidet die Armenbehörde, ob die Beschäftigung unter Gewährung eines Zuschusses aus Armenmitteln fortgesetzt, oder an ihre Stelle lediglich Barunterstützung treten soll. Das socialpolitisch interessante Regulativ, welches am 10. Mai 1899 die Genehmigung der Stadtverordnetenversammlung gefunden hat, ist als Anlage 7 beigefügt [1].

Besonderes Interesse bieten endlich die Einrichtungen der Städte Bremen, Breslau, Cassel, Eßlingen, Lübeck, Potsdam und Reutlingen insofern, als hier besondere, den Zwecken der offenen Armenpflege dienende Armenarbeits- oder Beschäftigungsanstalten errichtet sind. Die Berichte aus den genannten Gemeinden lauten ihrem wesentlichen Inhalte nach folgendermaßen:

Bremen. Um die Armenpflege in den Stand zu setzen, jedem Unterstützung nachsuchenden, noch arbeitsfähigen Armen Mittel und Wege zum eigenen Erwerb anzuweisen, den nachlässigen und trägen Armen aber zur Arbeit nötigen zu können, besteht auf dem Arbeitshause eine Arbeitsanstalt für freiwillige Arbeiter. Die freiwilligen Arbeiter erhalten wöchentlich ihren Lohn ausbezahlt, welcher niedriger als der gewöhnliche Tagelohn bemessen ist. Es steht dem Armen jederzeit frei, die ihm angewiesene Arbeit aufzugeben, sobald er auswärts mehr zu verdienen Gelegenheit hat; reicht dagegen der Arbeitslohn auch bei untadelhaftem Fleiße zur Beschaffung des notdürftigen Unterhaltes nicht hin, so erhält der Arbeiter das daran Fehlende als Barunterstützung. Die Beschäftigung, welche sich auf das ganze Jahr erstreckt, besteht in Holzzerkleinern, Kaffeeverlesen, Wergzupfen und Rohrreinigen. Die gedeihliche Entwickelung der Anstalt wird namentlich dadurch gehindert, daß die besseren Arbeitskräfte in der Regel nur kurze Zeit in der Anstalt bleiben, sodaß letztere größeren Verdienst bringende Arbeit für Private nicht zu übernehmen vermag und nicht immer genügende und geeignete Beschäftigung vorhanden ist. Der Wert der Anstalt für die Armenpflege beschränkt sich daher darauf, daß sie einerseits die an beschränkt Arbeitsfähige zu gewährende Unterstützung mindert und daß sie andererseits in Bezug auf Personen, bei denen der Verdacht der Arbeitsscheu besteht, die Möglichkeit einer Prüfung gestattet, ob jener Verdacht begründet ist.

Es betrug:

	1897	1898
die Zahl der arbeitenden Personen	159	134
die Zahl der Arbeitstage	10 399	9 259.

Breslau. An Arbeitseinrichtungen für Zwecke der offenen Armenpflege besteht:

---

[1] Vergl. Sociale Praxis 1899. Nr. 35. Sp. 949 f.

1. eine Armenschreibstube,
2. ein Armenkehrbezirk,
3. eine Armenholzspaltanstalt.

Beschäftigt werden ca. 30 Hilfsbedürftige, und zwar in der Schreibstube und der Holzspaltanstalt je 3, in der Kehrkolonne 20—24 Personen. Die Beschäftigung in der Schreibstube und im Kehrbezirk währt das ganze Jahr hindurch, diejenige in der Holzspaltanstalt beschränkt sich auf 6 Monate, welcher Zeitraum genügt, um den vorhandenen Holzbedarf der verschiedenen städtischen Verwaltungen zu decken. In der Schreibstube werden nur Schreibarbeiten für die städtische Armenverwaltung verrichtet und erfolgt die Bezahlung nach Maßgabe der Arbeitsleistung auf Grund fester, taxmäßiger Sätze durch den Bureauvorsteher der Armenverwaltung. In der Holzspaltanstalt wird die Zerkleinerung des aus den städtischen Forsten bezogenen Holzes im Accord zum Preise von 2 Mk. pro Meter bewirkt. Der Kehrbezirk beschafft außer den der Stadt obliegenden Straßenreinigungsarbeiten auch solche für andere Behörden und Verwaltungen auf Grund besonderen Vertrages. Den Armen werden fixierte Tagelöhne von 1,50 Mk., 1,75 und 2 Mk. pro Tag bei Leistung eines entsprechenden Arbeitspensums ausbezahlt, jedoch ist dieser Vergütung ausdrücklich der Charakter einer Armenunterstützung gewahrt (Anlage 8).

Cassel. Seit 1886 ist mit der Armenversorgungsanstalt eine Arbeitsanstalt für Männer verbunden. Allen arbeitsfähigen Familienvätern, welche im Bureau der Armenverwaltung, woselbst sämtliche Unterstützungsanträge zu stellen sind, wegen angeblicher Arbeitslosigkeit um Unterstützung nachsuchen, wird solche versagt und ihnen eine Anweisung auf Arbeit übergeben, mit der dieselben sich nach der Arbeitsanstalt begeben, um sofort zur Arbeit angehalten zu werden. Es wird Holz zerkleinert, und für das Zerkleinern eines Raummeters Buchenholz werden 2,50 Mk. gezahlt, jedoch erst nach Fertigstellung der Arbeit. Der durchschnittliche Verdienst beträgt 1,85 Mk. täglich. Größtenteils suchen die Bauhandwerker während des Winters um Arbeit nach. Die eingerichtete Arbeitsgelegenheit hat sich als ein vorzüglicher Prüfstein für wirkliche und vorgebliche Not erwiesen. Familienhäupter, welche arbeitslos geworden sind, aber arbeiten wollen, nehmen das Angebot mit Dank an, während die die Organe der Armenpflege früher fortwährend belästigenden Arbeitsscheuen dadurch ferngehalten werden.

Beschäftigt wurden im Rechnungsjahr

  1894/95 51 Familienväter 1554 Tage
  1895/96 35 Familienväter   918 Tage
  1896/97 32 Familienväter   720 Tage
  1897/98 18 Familienväter   434 Tage.

Eßlingen. In der in erster Linie den Zwecken der geschlossenen Pflege dienenden Armenbeschäftigungsanstalt werden neuerdings auch Familienhäupter, welche wegen Arbeitslosigkeit um Unterstützung nachsuchen, mit Holzzerkleinern beschäftigt. Vergütet werden pro Raummeter aufbereitetes Holz Mk. 1,50, ein Betrag, der sich um 50 Pf. unter dem sonst üblichen Aufbereitungslohn hält, damit der betreffende Arme bestrebt bleibt, andere besser lohnende Beschäftigung zu suchen.

Lübeck. Nach der Armenordnung von 1846 kann die Allgemeine Armen-Anstalt Unterstützung in Form von Arbeit gewähren, und zwar sollen arbeitsfähige Personen zuvörderst zur Arbeit angehalten werden. Zu diesem Zwecke ist mit dem Armenarbeitshause eine „Abteilung für freiwillige Arbeiter" verbunden. Dieser letzteren werden sowohl solche Personen überwiesen, welche auf ihren Antrag mittelst Zuweisung von Arbeit unterstützt werden sollen (Anl. 9), als auch diejenigen mit Geld Unterstützten, welche durch die Armenpflegeorgane angewiesen worden sind, die ihren Kräften angemessene Arbeit als Äquivalent für die ihnen gewährte Bar- oder Naturalunterstützung zu verrichten (Anl. 10). Die freiwilligen Arbeiter werden mit Holz- und Stroharbeiten, Matratzenanfertigung und diversen anderen Arbeiten beschäftigt und erhalten das Material zu den anzufertigenden Gegenständen geliefert. Die fertige Arbeit wird nach festen Accordsätzen bezahlt und soweit sie nicht auf Bestellung angefertigt ist, in einem Magazin zum Verkauf ausgestellt. Es werden nur Familienhäupter und alleinstehende erwachsene Personen beschäftigt und betrug die Zahl der arbeitenden Personen

1895/96: 38 (28 Männer, 10 Frauen) mit 4631 Arbeitstagen
1896/97: 41 (29 Männer, 12 Frauen) mit 5240 Arbeitstagen
1897/98: 37 (27 Männer, 10 Frauen) mit 4741 Arbeitstagen.

Die Beschäftigung erstreckt sich auf das ganze Jahr und hat es an Absatz für die fertigen Arbeiten nie gefehlt. Der Verkaufsertrag hat im letzten Jahre 26 974,42 Mk. betragen, während sich die Selbstkosten auf 21 765,75 Mk. stellten. Der tägliche Durchschnittsverdienst des einzelnen Arbeiters ohne Rücksicht auf das Geschlecht betrug

1895/96:   1,28 Mk.
1896/97:   1,11 Mk.
1897/98:   1,13 Mk.

Nur eine geringe Anzahl der freiwilligen Arbeiter erwirbt das zu ihrem und ihrer Familien Unterhalt Erforderliche; die Mehrzahl, welche weniger geschickt oder arbeitsfähig ist, verdient weniger und muß dann noch mit Brot und Speise, sowie auch wohl mit Geld unterstützt werden.

Potsdam. Nach dem Vorbilde der Stadt Ratibor hat die Stadt Potsdam im Winter 1896 in einem Raume des städtischen Armenhauses eine Korbflechterei für 10 männliche Arbeiter ins Leben gerufen. Die Einrichtung hat sich gut bewährt, indem sie nicht nur Gelegenheit bietet, Arbeitsscheue zu ermitteln, sondern auch geeignet erscheint, Beschäftigungslose vor den Gefahren der Arbeitslosigkeit zu bewahren. Die Beschäftigung findet nur für die Dauer von etwa 2 Wintermonaten statt und beträgt der Lohn bei 10stündiger Arbeitszeit höchstens 1 Mark pro Tag. Derjenige Teil des Lohnes, welcher dem Beschäftigten nach den geltenden Ausschlußsätzen für sich und die Seinigen als Unterstützung hätte gewährt werden müssen, wird aus Armenmitteln gedeckt; der überschießende Betrag kommt bei einem vorhandenen Dispositionsfonds zur Verrechnung.

Reutlingen. Es besteht eine Armenbeschäftigungsanstalt von geringem Umfange, in welcher im letzten Jahre etwa 5 Arbeitslose an ca. 40 Tagen mit Holzzerkleinern oder Feldarbeit gegen Geld- oder Naturalunterstützung beschäftigt worden sind.

c. Notstandsarbeiten.

Eigentliche Notstandsarbeiten werden geeigneten Falls in Aschersleben, Baden-Baden, Bonn, Braunschweig, Cöln, Colmar i. E., Elberfeld, Frankfurt a. M., Hanau, Heilbronn, Mainz, Regensburg und Wiesbaden unternommen. Während einige Gemeinden derartige Arbeiten in jedem Winter oder in jedem harten Winter vornehmen, beschränken andere sich auf Zeiten, wo Handel oder Industrie darniederliegen, oder sonstige außergewöhnliche Umstände zu erheblichen Arbeitsstockungen geführt haben. Die Beschäftigung besteht alsdann der Regel nach in Steinschlagen auf Vorrat, in Erdarbeiten, Holzzerkleinern, Schneeschaufeln und dergleichen. Von wesentlichem Einflusse auf Stand und Entwicklung dieser Einrichtung ist naturgemäß die allgemeine Lage des Arbeitsmarktes, und es läßt sich an der Hand der vorliegenden Berichte konstatieren, wie mit der stetigen Besserung der allgemeinen Konjunktur ein Rückgang der Notstandsarbeiten Hand in Hand ging. So trat z. B. in Bonn im Winter 1898/99 ein Bedürfnis zur Beschäftigung Arbeitsloser überhaupt nicht mehr hervor, während es in den beiden vorhergehenden Wintern sich nur noch in geringem Umfange fühlbar gemacht hatte. Dagegen waren im Winter 1895/96 noch 104 Personen, von denen 65 verheiratet, 5 Witwer, 34 ledig und 74 ortsangehörig, 30 nicht ortsangehörig waren, an insgesamt 4699 Arbeitstagen beschäftigt worden. Die solchergestalt Unterstützten hatten für einen etwas unter dem Lohnsatze der anderen Arbeiter stehenden Tagelohn, welcher sich 1895/96 im Durchschnitt auf 2,14 Mk. stellte, die übliche Tagesarbeit zu leisten.

Besonders entwickelt ist die Organisation der Notstandsthätigkeit in der Stadt Colmar i. E. (Anl. 11). Hier werden alljährlich während der Wintermonate Steine für den Unternehmer der städtischen Steinlieferungen zerkleinert und betrug die Zahl der Arbeiter im Winter 1898/99 146. Seitens der Armenverwaltung sind nicht nur die Löhne, sondern auch gewisse Mindestleistungen genau festgesetzt; dieselben schwanken je nach Alter und Fertigkeit des Arbeiters zwischen 0,80 Mk. und 2,80 Mk., bezw. 0,10 cbm und 1 cbm bei $7^{1}/_{2}$ stündiger Arbeitszeit. Arbeiter, welche die in ihrer Klasse verlangte Mindestleistung nicht verrichten, werden nicht weiter beschäftigt. Andererseits müssen die Arbeiter jede sonstige ihnen angetragene entsprechend bezahlte Arbeit sofort annehmen, widrigenfalls ihre Entlassung erfolgt. Die Löhne werden jeden Samstag Nachmittag ausbezahlt und etwaige Lohnstreitigkeiten vom Armenamte nach Anhörung eines Arbeiterausschusses entschieden. Zufolge besonderer Abmachung mit dem „Verein zur Fürsorge für entlassene Sträflinge" sind aus dem Gefängnis Entlassene, soweit dieselben in der Stadt ihren Unterstützungswohnsitz haben, seitens der Armenverwaltung in Arbeit zu nehmen, bis dieselben anderweitige Beschäftigung gefunden haben.

In Heilbronn zahlt die Armenverwaltung jährlich 2500 Mk. an die Stadtkasse zwecks Beschäftigung arbeitsloser Männer den Winter über. Beschäftigt werden, und zwar auf Grund einer ihnen von der Armenverwaltung auszustellenden Arbeitsanweisung an das Tiefbauamt, nur solche Personen, die den Unterstützungswohnsitz am Orte besitzen und durch das städische Arbeitsamt Beschäftigung nicht finden konnten.

Auch in Mainz wird seit einer Reihe von Jahren während der Wintermonate durch Einführung von Notstandsarbeiten für die Beschäftigung Arbeitsloser Sorge getragen. Die Notstandsarbeiter haben sich auf ergangene Aufforderung zu melden und werden in Listen eingetragen, auch werden Personen, welche wegen Arbeitslosigkeit um Armenunterstützung nachsuchen, zunächst auf die Notstandsarbeiten verwiesen. Die aufgestellten Listen werden dem Polizeiamt zur Prüfung hinsichtlich der persönlichen Verhältnisse, insbesondere der Bedürftigkeit, mitgeteilt, und erhalten grundsätzlich nur solche Bewerber Beschäftigung, welche über 2 Jahre in Mainz gewohnt oder in Arbeit gestanden haben, wobei wiederum Familienväter vor anderen den Vorzug genießen. Die Arbeiten bestehen in Kiessieben, Steinschlagen und Straßenkehren. In der Regel werden dieselben im Accord ausgeführt, wobei ungeübten Arbeitern ein kleiner Zuschlag gewährt wird; für Tagelohnarbeiter beträgt der Lohn 1,50 Mk. bei achtstündiger Arbeitszeit. Bei unterstützten Personen wird der Arbeitslohn derart bemessen, daß er die geltenden Unterstützungssätze nur unerheblich überschreitet.

2. Unterstützung gegen Arbeitsleistung.

Während im allgemeinen die Unterstützung arbeitsfähiger Personen durch Zuweisung von Arbeit bewirkt und nötigenfalls eine zusätzliche Barunterstützung bewilligt wird, bevorzugen einzelne Gemeinden generell oder für gewisse Fälle die nachträgliche Inanspruchnahme der Arbeitskraft des Unterstützten, der dann die Unterstützung gewissermaßen abzuverdienen hat. In der Regel werden männliche Unterstützte dauernd oder an bestimmten Tagen zu untergeordneten städtischen Arbeiten, besonders zur Straßenreinigung, herangezogen, so in Annaberg, Greifswald, Haspe, Hörde, Kettwig, Malstatt-Burbach, Stoppenberg, Zerbst und Zeitz.

In Kattowitz finden Frauen zu dieser Thätigkeit Verwendung, während weibliche Unterstützte in Stoppenberg mit Reinigung der Schulklassen, in Zerbst mit Federreißen beschäftigt werden.

In Baden-Baden ergeht, falls die dem Unterstützten oder seinen Familienangehörigen innewohnende Arbeitskraft nicht ausreichend bethätigt wird, auf Veranlassung der Armenbehörde eine polizeiliche Auflage zur Arbeitsleistung beim städtischen Tiefbauamt.

Apolda zieht Armengeldempfänger je nach der Höhe der ihnen gewährten Unterstützung in größerem oder geringerem Umfange zur Verrichtung der im Arbeits- und Armenhause vorkommenden Arbeiten, wie Federschleißen, Holzspalten, Waschen für das Krankenhaus mit heran, während in Stuttgart nach Bedarf Unterstützte in der der geschlossenen

Pflege dienenden Armenbeschäftigungsanstalt als Accordarbeiter mit Holzzerkleinern beschäftigt werden, wobei der Wert ihrer Arbeitsleistung so bemessen wird, daß derselbe den Betrag der Unterstützung nicht übersteigt.

Bernburg, Greifswald und Oschersleben gewähren obdachlosen Personen oder Familien Unterkommen im Asyl oder Armenhause mit der Maßgabe, daß, wenn die Zahlung der auf 1 Mk. bis 1,50 Mk. pro Woche bemessenen Vergütung nicht erfolgt, der Betrag im städtischen Dienste abzuarbeiten ist.

In Eisenach erhalten Almosenempfänger, welche zur Arbeit fähig und durch Familienverhältnisse daran nicht gehindert sind, jeden Monat einige Tage Arbeit zugewiesen, die sie teils im Armenasyl, teils auf den von demselben bewirtschafteten Ländereien, teils im Rathause zu leisten haben. Die Arbeitsanweisung erfolgt mittelst besonderen Formulars (Anl. 12) und wird die Befolgung der Aufforderung überwacht; bei Verhinderung des Mannes darf die Frau ausnahmsweise dessen Arbeit übernehmen, auch können beide vereint oder mit der Mutter erwachsene Kinder die Arbeit gemeinsam leisten. Die Arbeit besteht in Holzzerkleinern, Hülsenfrüchtelesen, Federschleißen, Stricken, Hemdennähen, Scheuern, Fensterputzen, Feldarbeiten und richtet sich nach den Fähigkeiten und Kräften der Beschäftigten einerseits, sowie nach der Höhe der Unterstützung andererseits. Der Wert einer Tagesarbeit wird in der Regel mit 3 Mk. berechnet, während der wirkliche Wert der täglichen Leistungen zwischen 30 und 50 Pf. schwankt.

In Heilbronn endlich werden Personen, die in öffentlicher Unterstützung stehen und infolge Beschlusses der Armenbehörde einen Teil der Unterstützung abverdienen sollen, soweit es sich um Männer handelt, in der von privater Seite ins Leben gerufenen Knabenbeschäftigungsanstalt zu geeigneten Arbeiten herangezogen. Frauen werden mit Anweisung auf bestimmte Verdienstbeträge den Diakonissen oder barmherzigen Schwestern zugewiesen und von letzteren zu Hausarbeiten für Arme und Kranke, insbesondere in solchen Familien, wo die Frau zeitweilig fehlt oder erkrankt ist, herangezogen. Diese Art der Verwendung gewährt doppelten Nutzen, indem sie einerseits den arbeitsuchenden Frauen zum Verdienst gereicht und andererseits die Verrichtung der notwendigen Hausarbeit für Kranke und Bedürftige sicherstellt. Die Auszahlung der Unterstützung erfolgt in diesem Falle erst nach der Arbeitsleistung; bei Mehrleistung wird der Überverdienst auf den nächsten Monat übertragen.

III.

Eine umfassende kritische Würdigung aller der mannigfaltigen, im vorhergehenden Abschnitte behandelten Arbeitseinrichtungen wird sowohl durch die Reichhaltigkeit des vorliegenden Materials, als besonders dadurch erheblich erschwert, daß jede derartige Veranstaltung in den socialen Zuständen ihres Entstehungsortes wurzelt und in ihrer Fortentwicklung durch die verschiedenartigsten Einwirkungen territorialen wie lokalen Charakters beeinflußt worden ist. Da somit eine zutreffende Beurteilung die genaue Bekanntschaft mit den einschlägigen örtlichen Verhältnissen zur Voraussetzung hat, so glaubt der Berichterstatter von einem näheren Eingehen auf die in den einzelnen Gemeinden getroffenen Maßnahmen absehen und sich in den nachstehenden Erörterungen lediglich auf die Hervorhebung der in Betracht kommenden leitenden Gesichtspunkte beschränken zu sollen.

Wenn eine arbeitsfähige Person öffentliche Armenunterstützung unter der Angabe in Anspruch nimmt, daß ihr die Ausnutzung der vorhandenen Arbeitskraft in Ermangelung von Arbeitsgelegenheit nicht möglich sei, so stellt dieser, in jeder Großstadt — auch bei normaler Lage des Arbeitsmarktes — tagtäglich vorkommende Fall die Armenbehörde vor die schwierige Entscheidung darüber, ob der Hilfesuchende wirklich, d. h. ernstlicher Anstrengungen ungeachtet, keine Arbeit hat finden können, oder ob es ihm lediglich an der nötigen Arbeitslust mangelt. Einer diesbezüglichen Prüfung kann sich die Armenbehörde garnicht entziehen, ist doch deren Ergebnis für die Frage nach dem Vorliegen der — die Voraussetzung jeder Aufwendung aus öffentlichen Armenmitteln bildenden — armenrechtlichen Hilfsbedürftigkeit insofern präjudiciell, als die letztere beim Nachweis redlicher, aber erfolgloser Bemühung um Arbeit anzuerkennen ist, wogegen sie selbstredend verneint werden muß, falls der Hilfesuchende eine ihm dargebotene Arbeitsgelegenheit aus Arbeitsunlust ausgeschlagen haben sollte. Einzelne Gemeinden[1] suchen zwar diese Feststellung dadurch zu umgehen, daß sie arbeitsfähigen Personen öffentliche Unterstützung grundsätzlich verweigern. Diesem Princip liegt offenbar die Erwägung zu Grunde, daß jeder arbeitswillige Arbeitsfähige auch Arbeit finden könne, eine Auffassung, die jedoch unter den heutigen wirtschaftlichen Verhältnissen nicht mehr schlechthin als zutreffend anerkannt werden kann[2] und die auch durch das Bundesamt für das Heimatwesen als mit dem Grundgedanken des Reichsgesetzes über den Unterstützungswohnsitz unvereinbar reprobiert worden ist. Das Bundesamt hat ausdrücklich ausgesprochen, daß die Frage nach der Notwendigkeit öffentlicher Unterstützung nur **nach Lage des einzelnen Falles**, nicht aber nach selbstgemachten Regeln, für die sich im Gesetz kein Anhalt finde, zu entscheiden sei, und es hat wiederholt anerkannt, daß unter Umständen auch eine gesunde, arbeitsfähige Person auf Armenpflege angewiesen sein könne, und zwar insbesondere dann, wenn sie sich die zur Befriedigung der notwendigsten Lebensbedürfnisse erforderlichen Mittel durch Verwertung ihrer Arbeitskraft nicht sofort zu verschaffen vermöge[3].

Wie soll nun die Armenbehörde eine zutreffende Entscheidung in den Fällen abgeben, in welchen ihr irgendwelches Aktenmaterial, das den Hilfesuchenden charakterisiert und eine richtige Beurteilung seiner Persönlichkeit

---

[1] z. B. Bonn, Quedlinburg. In Bonn wird arbeitsfähigen Arbeitslosen im dringenden Notfalle eine Unterstützung aus Stiftungen, nicht aus öffentlichen Armenmitteln bewilligt.

[2] Die Zahl der wegen anderer Gründe als Krankheit beschäftigungslosen Personen betrug im Deutschen Reiche
am 14. Juni 1895: 179 004, am 2. Dezember: 553 640.
Vergl. die berufliche und sociale Gliederung des deutschen Volkes. Nach der Berufszählung vom 14. Juni 1895 bearbeitet im Kaiserlichen Statistischen Amt. Berlin 1899. S. 246 f.

[3] Vergl. Eger, Unterstützungswohnsitzgesetz S. 7. 25.

ermöglicht oder erleichtert, nicht zu Gebote steht? Diese Frage ist vielfach dahin beantwortet worden, daß man dem Arbeitsfähigen nur Arbeit zuzuweisen brauche, um alsbald herauszufinden, ob es ihm an der **Möglichkeit** oder lediglich an dem guten Willen fehle, sich seinen Unterhalt durch eigene Kraft zu erwerben. Um einen solchen Prüfstein zu gewinnen, hat eine Anzahl von Armenverwaltungen in Anlehnung an bestehende Anstalten der geschlossenen Pflege Arbeitsstätten geschaffen, welchen derartige Hilfesuchende zur Feststellung ihrer Arbeitswilligkeit zugewiesen werden. Am prägnantesten tritt dieser Zweck der Einrichtung in Cassel in die Erscheinung, und es wird von der dortigen Armenverwaltung bezeugt, daß die daselbst errichtete Arbeitsanstalt ihren Zweck vollauf erfülle und eine reinliche Scheidung zwischen Arbeitswilligen und Arbeitsunwilligen ermögliche. Ein wesentlicher Mangel haftet indessen jeder derartigen Veranstaltung insofern an, als man dabei die Unmöglichkeit der Verwertung der Arbeitskraft des Hilfesuchenden auf dem freien Arbeitsmarkt **präsumiert** und öffentliche Mittel bereits aufwendet, um das Vorliegen einer wesentlichen Voraussetzung für die Zulässigkeit solcher Aufwendung zu konstatieren. Auf diesem Wege wird dann einerseits die Armenpflege leicht mit Fällen belastet, die sie sich unter Umständen hätte fernhalten können (man denke nur an den naheliegenden Fall, daß sich ein Arbeitswilliger aus Unkenntnis oder Bequemlichkeit um freie Arbeit nicht genügend bemüht hat), und es wird andererseits der Hilfesuchende in dem überaus wichtigen Bestreben nach Erhaltung bezw. Wiedererlangung seiner wirtschaftlichen Selbständigkeit gelähmt. Dazu kommt noch, daß diese Form der Unterstützung, schon in Anbetracht der Schwierigkeit geeigneter Beschäftigung, auf eine verhältnismäßig geringe Anzahl von Hilfesuchenden beschränkt bleiben muß und daß insbesondere eine großstädtische Armenverwaltung, wollte sie jeden hilfesuchenden Arbeitsfähigen durch Anweisung öffentlicher Arbeit unterstützen, in kurzer Zeit auf jene abschüssige Bahn gelangen müßte, welche durch die mit den Nationalwerkstätten gemachten trüben Erfahrungen gekennzeichnet ist. Selbst die Allgemeine Armen=Anstalt in Hamburg, die niemals ein „Recht auf Arbeit" anerkannt hat, sondern nur zeitweilig von dem Grundsatze geleitet war, dem arbeitslosen Arbeitsfähigen unter allen Umständen durch Arbeitsverschaffung zu helfen, mußte bald erfahren, daß dem Bestreben, Arbeit statt Almosen zu gewähren, eine Grenze gesteckt sei. In dem Jahresberichte des Armen=Kollegiums von 1835 heißt es: „Gewiß unterliegt es an und für sich keinem Zweifel, daß durch Arbeit errungener Verdienst die zweckmäßigste Unterstützung für arbeitsfähige Arme sei. Doch fragt es sich, in welchem Umfange man abseiten der Armenfürsorge Arbeit erteilen könne und dürfe..... Eine Armenanstalt kann wohl verhüten, daß nicht Einzelne verarmen, aber nicht dafür sorgen, daß die ganze arbeitende Klasse keinen Mangel an Nahrung habe[1]."

In keinem Falle sollte also die Gemeinde öffentliche Unterstützung in irgendwelcher Form zu Gunsten einer arbeitsfähigen Person aufwenden, ohne

---

[1] Vergl. v. Melle, Die Entwickelung des öffentlichen Armenwesens in Hamburg. Hamburg 1883. S. 158.

daß zuvor alle Mittel, derselben den Erwerb des notdürftigen Unterhaltes **auf dem freien Arbeitsmarkte zu ermöglichen**, erschöpft sind. Hat indessen die Armenpflege für eine arbeitsfähige Person vorläufig eintreten müssen, so ist der betreffende Unterstützungsempfänger fortgesetzt unter pflegerischer Kontrolle zu halten und alles aufzubieten, um ihm durch Hinweis auf geeignete Arbeitsgelegenheit den selbständigen Erwerb der notwendigen Existenzmittel von neuem zu ermöglichen und die fernere Verwendung öffentlicher Gelder baldthunlichst entbehrlich zu machen. Gerade in Bezug auf solche Personen, welche zum Erwerbe ihres Unterhalts aus eigener Kraft an und für sich befähigt sind und nur durch Arbeitslosigkeit momentan daran gehindert waren, öffnet sich der vorbeugenden Fürsorge, deren Ausübung die höchste und zugleich dankbarste Aufgabe der Armenpflege bildet, ein weites Feld segenbringender Wirksamkeit. Selbstverständlich ist aber weder die Armenverwaltung, noch vollends der einzelne Armenpfleger im stande, die Lage des gesamten Arbeitsmarktes genau zu übersehen. Hier bietet sich in einer organischen Verbindung von Armenpflege und Arbeitsnachweis die doppelte Möglichkeit, dem einzelnen arbeitsfähigen Hilfesuchenden alle Chancen selbständiger Beschäftigung zu erschließen und zugleich für die Armenverwaltung die notwendige Handhabe zu gewinnen, um vor der Entscheidung über das Unterstützungsgesuch die Unmöglichkeit sofortiger Verwertung der Arbeitskraft des Hilfesuchenden auf dem freien Arbeitsmarkte und damit seine augenblickliche armenrechtliche Hilfsbedürftigkeit festzustellen.

Wenn im Jahre 1896 in 32 deutschen Städten von 266 202 Arbeitsuchenden, welche den Arbeitsnachweis in Anspruch genommen haben, durch Vermittlung des letzteren 221 155 Personen — wenn auch gewiß in vielen Fällen nur vorübergehend — Beschäftigung gefunden haben[1], so beweist dies, daß für den Arbeitnehmer die Aussicht, durch Inanspruchnahme des Arbeitsnachweises Stellung zu erlangen, keine ungünstige ist. Nun läßt sich freilich nicht verkennen, daß Personen, welche bereits der Armenpflege anheimgefallen sind oder bei denen zu besorgen steht, daß sie öffentlicher Unterstützung demnächst benötigt sein werden, im allgemeinen nicht gerade diejenigen Elemente sind, welche von den Arbeitgebern in erster Linie gesucht werden. Wenn indessen die Armenverwaltung einerseits der jeweiligen Lage des Arbeitsmarktes eine gewisse Beachtung schenkt, was insbesondere durch die allmonatlich erfolgenden Veröffentlichungen der Ergebnisse der öffentlichen Arbeitsnachweise ermöglicht wird, und wenn andererseits nur die ihrer äußeren Erscheinung nach brauchbaren Arbeitskräfte seitens der Armenpflege an den Arbeitsnachweis verwiesen werden, so dürften sich immerhin befriedigende Erfolge erzielen lassen. Der Gedanke, als ob es möglich wäre, den von der Armenbehörde an den Arbeitsnachweis verwiesenen Personen einen Vorzug vor anderen Arbeitsuchenden zu sichern, muß allerdings auch da, wo es sich um die Inanspruchnahme **städtischer** Arbeitsvermittelung handelt, von vornherein zurücktreten. Dadurch würde der Arbeitsnachweis bei den Arbeitgebern diskreditiert und vor allem der freie Arbeiter gegenüber demjenigen, der die öffentliche Armenpflege in Anspruch genommen hat,

---

[1] Vergl. Statistisches Jahrbuch deutscher Städte 1898. S. 163 f.

benachteiligt. Andererseits läßt sich aber auch eine Zurücksetzung der von der Armenbehörde an den Arbeitsnachweis Verwiesenen vor den übrigen Arbeitsuchenden vermeiden, wie die in Hamburg gemachten Erfahrungen gelehrt haben. Das Abkommen, welches hier mit 55 Arbeitsnachweisen aller Branchen geschlossen worden ist, beruht darauf, daß die Arbeitsnachweise sich verpflichtet haben, die ihnen von den Armenpflegeorganen mittelst Karten überwiesenen Personen in gleicher Weise wie diejenigen, welche sich aus freien Stücken an den Nachweis gewandt haben, zu berücksichtigen und über die geschehene Meldung und ihren Erfolg auf der Rückseite der Überweisungskarte der Armenverwaltung sogleich Mitteilung zu machen, sodaß also der Bezirk entweder alsbaldiger positiver Nachricht über das Resultat gewärtig sein oder aus dem Ausbleiben einer solchen entnehmen kann, daß der Hilfesuchende es vorgezogen hat, die Vermittelung des Nachweises nicht in Anspruch zu nehmen. Diese Vereinbarung, welche sich sowohl auf sogenannte unparteiische, als auf von Unternehmern geleitete, wie endlich auch auf gewerkschaftliche Nachweise erstreckt, hat sich während ihres einjährigen Bestehens gut bewährt. Ihr Nutzen für die Armenpflege liegt weniger darin, daß unter 589 zurückgemeldeten Hilfesuchenden 141 Arbeit erlangt hatten und daher der öffentlichen Hilfe entbehren konnten, als vielmehr in der den Armenpflegeorganen eröffneten Möglichkeit, die Arbeitswilligkeit des Hilfesuchenden zu kontrollieren und die Ansprüche arbeitsunwilliger Personen zurückzuweisen. Ein derartiges Abkommen wird sich um so leichter erzielen lassen, je mehr die Centralisation des Arbeitsnachweises fortgeschritten ist; von Wichtigkeit ist dabei, daß die Vorteile einer solchen Abmachung thunlichst nicht nur männlichen, sondern auch weiblichen, nicht nur gelernten, sondern auch ungelernten (Gelegenheits=)Arbeitern gesichert werden. Wenn die Nutzbarmachung des Arbeitsnachweises für die Armenpflege da besonders naheliegend und leicht durchführbar erscheint, wo derselbe eine kommunale Einrichtung bildet, so wird man sich gerade hier gegenüber dem Gedanken einer organischen Verbindung beider Institutionen auf den Einwand gefaßt machen müssen, daß dadurch der Arbeitsuchende in dem eigenen Bemühen um Verschaffung von Arbeitsgelegenheit gelähmt und in ihm das Bewußtsein geweckt werde, es sei gewissermaßen die Pflicht der Gemeinde, ihm Arbeit zu verschaffen. Mag man diesem Bedenken für kleine Gemeinden, wo die Lage des Arbeitsmarktes sich unschwer übersehen läßt, eine gewisse Berechtigung zugestehen; in den Großstädten wird eine solche Verbindung auf die Dauer nicht zu entbehren sein, und der Vorwurf, daß die Gemeinde damit in das socialistische Fahrwasser hineingerate, dürfte selbst von doktrinären Theoretikern jedenfalls dann kaum noch aufrechterhalten werden können, wenn das Abkommen auf der Basis der völligen Gleichberechtigung aller Arbeitsuchenden geschlossen wird.

Wer einmal Zeuge war, in welchem Umfange die Expeditionen derjenigen großstädtischen Zeitungen, die vorzugsweise dem Ausgleich von Angebot und Nachfrage auf dem Arbeitsmarkte dienen, beim jedesmaligen Erscheinen des Blattes von Arbeitnehmern beiderlei Geschlechts geradezu belagert werden, der wird sich der Überzeugung nicht verschließen können, daß auch auf dem Gebiete der Arbeitsvermittelung die Presse eine nicht unerheb=

liche Bedeutung erlangt hat. Das in Aachen und Halle beobachtete Verfahren, Hilfesuchende oder Unterstützte auf geeignete, in den Tagesblättern enthaltene Stellengesuche aufmerksam zu machen, erscheint daher, zumal in Verbindung mit der scharfen Kontrolle, wie sie in Aachen geübt wird, für diejenigen Gemeinden empfehlenswert, in welchen die eigentliche Armenfürsorge in der Hand der Armenverwaltung selbst liegt, wogegen freilich bei der dem Elberfelder System eigentümlichen Decentralisation der Armenpflege eine wirksame Arbeitsfürsorge meist nur innerhalb des einzelnen Armenbezirks durch die ehrenamtlichen Organe geübt werden kann, welche die räumliche Beschränkung ihres Wirkungskreises durch eine um so intensivere Thätigkeit von Person zu Person auszugleichen bemüht sein werden. Aufgabe der Verwaltung bleibt es hier, auf eine der Arbeitsfürsorge möglichst günstige Zusammensetzung der Bezirke hinzuwirken und keine Gelegenheit unbenutzt zu lassen, um den Pflegeorganen gegenüber die hohe gemeinnützige Bedeutung der Erziehung zur Arbeit hervorzuheben. Daneben sollte namentlich da, wo es an Arbeitsgelegenheit für weibliche Hilfesuchende mangelt, mit der Heranziehung von Frauen zur Mitarbeit in der öffentlichen Armenpflege energisch vorgegangen oder wenigstens die Herstellung der an Arme zu verabfolgenden Gebrauchsstücke direkt oder indirekt (d. h. durch Vermittelung der kirchlichen Gemeindepflege oder geeigneter Frauenvereine) armen Frauen übertragen werden.

Als durchaus nachahmenswert ist weiterhin das namentlich in Elberfeld entwickelte Bestreben der Armenverwaltung zu bezeichnen, Hilfesuchende dadurch vor der Verarmung zu bewahren, daß ihnen die Möglichkeit selbständiger Erwerbsthätigkeit durch leihweise Verabfolgung von Arbeitsgerät eröffnet wird. Bekanntlich sind es nicht die schlechtesten Elemente unter der Armenbevölkerung, die sich erst nach schweren Entbehrungen und inneren Kämpfen entschließen, an die Armenpflege heranzutreten; umsomehr sollte die letztere bemüht sein, das Ehrgefühl solcher Leute zu schonen und ihnen, soweit irgend angängig, in einer Form zu helfen, die ihnen die Aufrechterhaltung ihrer Selbständigkeit ermöglicht.

Wenn die Armenpflege öffentliche Unterstützung unter allen Umständen erst dann verabfolgen darf, wenn jede andere Möglichkeit der Hilfe ausgeschlossen ist, so verdienen diejenigen Einrichtungen privater Wohlthätigkeit, welche, wie die Arbeitsstätten in Barmen-Elberfeld, Dresden und Königsberg, vorübergehend beschäftigungslos gewordene Personen durch Anweisung von Arbeit von der Armenpflege fernzuhalten bezwecken, von seiten der Gemeinde thunlichste Förderung. Der „Landesverband für Wohlthätigkeit in Steiermark" hat sich ein nicht geringes Verdienst um die Sache der Armenpflege erworben, indem er durch Veröffentlichung eines ihm in specieller Veranlassung erstatteten Gutachtens die Aufmerksamkeit weiterer Kreise auf die hohe sittliche Bedeutung der Errichtung derartiger freiwilliger Beschäftigungsanstalten hingelenkt hat[1]. Mit Recht wird in

---

[1] Vergl. die Errichtung einer allgemeinen freiwilligen Beschäftigungsanstalt in Graz auf Grund der Hoffer-Stiftung. Referat, dem Landesverbande für Wohlthätigkeit in Steiermark erstattet von Conrad Rupprecht. Graz 1899.

dieser Schrift darauf hingewiesen, daß die Wirksamkeit der vom Landesverbande mit erfreulich steigendem Erfolge bethätigten Arbeitsvermittlung unvollständig bleiben müsse, solange Arbeitswillige wegen Mangels frei angebotener Arbeitsgelegenheit nicht befriedigt werden könnten. Diese zahlreichen Unbefriedigten blieben allen Gefahren der Arbeitslosigkeit preisgegeben und der Ring der Bestrebungen, den Menschen durch Arbeit vor der Verarmung oder dem Verbleiben in Armut zu schützen, schließe sich erst dann, wenn durch eine allen Arbeitslosen offenstehende freiwillige Arbeitsanstalt eine Nothilfe gegeben sei, um arbeitslose noch nicht Arme vor der Verarmung zu bewahren, sowie verarmten Arbeitsfähigen die Möglichkeit zu bieten, sich durch Arbeit selbstthätig zu erhalten und auf diese Weise zum Wiedereintritt in die wirtschaftliche Selbständigkeit zu erheben. Der mißbräuchlichen Ausnutzung einer solchen Einrichtung werde man durch die Gestaltung der Beschäftigung und dadurch, daß der zu zahlende Lohnsatz hinter dem niedrigsten ortsüblichen Tagelohne zurückbleibe, in ausreichender Weise begegnen können. In Bezug auf die Art der Beschäftigung sei einerseits erforderlich, daß die Arbeit ohne besondere Kenntnisse sofort oder doch nach ganz kurzer Anleitung von Jedermann geleistet werden könne, während man andererseits zwei Gruppen von Arbeit, leichte und schwere, werde bereithalten müssen. Die erste Gruppe hätte neben den körperlich Schwachen alle diejenigen Arbeiter aufzunehmen, deren Berufseignung durch den Zwang zu schwerer Arbeit gestört oder vernichtet werden könnte. Ein Optiker, Feinmechaniker, Goldarbeiter werde entschieden disqualifiziert, wenn er wochenlang Holzsägen oder -Spalten oder Steinklopfen zu betreiben genötigt sei. In die zweite Gruppe gehörten dagegen alle, welche nicht direkt für die erste Gruppe indiziert, namentlich diejenigen, welche berufsmäßig an schwere Arbeit gewöhnt seien. Denn diese würden gleichfalls disqualifiziert, wenn ihre Muskelthätigkeit längere Zeit durch verweichlichende Arbeit unterbrochen werde.

Derartige Anstalten involvieren zweifellos erhebliche Vorteile für den Einzelnen, für die öffentliche Armenpflege und für den Staat, indem sie den von der Verarmung Bedrohten oder ihr bereits Verfallenen aufrichten, der Gemeinde — neben finanzieller Entlastung — die Feststellung der Voraussetzungen für die Aufwendung von Armenmitteln erleichtern und durch Fernhaltung gefährdeter Existenzen von der Verbrecherlaufbahn den Interessen der Gesamtheit dienen. Ist die Erreichung solcher Erfolge auf der einen Seite durch den privaten Charakter der Einrichtung bedingt, so ergiebt sich daraus auf der anderen Seite die Beschränkung ihres Wirkens auf das mit den vorhandenen Mitteln Erreichbare; denn wenn die Selbständigkeit des Arbeitslosen gewahrt bleiben soll, wird, zumal bei gebührender Rücksichtnahme auf das freie Gewerbe, von einem gewinnbringenden Betriebe kaum die Rede sein können. Eine derartige beschränkte Wirksamkeit erscheint aber unter normalen wirtschaftlichen Verhältnissen völlig genügend, während die Bekämpfung größerer Notstände, sowie die Armenfürsorge zu Gunsten arbeitsunlustiger Personen der Gemeinde vorbehalten bleiben müssen. Es kann daher nur der Hoffnung Ausdruck gegeben werden, daß die Hoffersche Stiftung bald ins Leben treten und nicht nur in der Erfüllung ihrer eigentlichen Zweckbestimmung, sondern auch als Beispiel für andere Wohlthäter segensreich wirken möge!

Mit dem bedeutenden Wachstum der von der Gemeinde auf den verschiedensten Gebieten zu lösenden Aufgaben hat naturgemäß auch die Zahl der zur Bewältigung derselben erforderlichen Arbeitskräfte eine erhebliche Steigerung erfahren. Es liegt daher nahe, daß die Gemeinden diejenigen Arbeiten, welche von hilfsbedürftigen Personen geleistet werden können, in möglichst weitem Umfange auf letztere übertragen und daß sie für regelmäßig wiederkehrende Zeiten stärkerer Inspruchnahme der Armenpflege von seiten arbeitsfähiger Personen gewisse Gemeindearbeiten reservieren oder aber im Falle eines außerordentlichen Notstandes besondere, eine technische Vorbildung nicht erheischende Arbeiten in Angriff nehmen. Alle diese Arbeiten lassen sich entweder in der Weise beschaffen, daß die Hilfsbedürftigen als freie Arbeiter, wenn auch nötigenfalls gegen einen hinter dem ortsüblichen Lohnsatze zurückbleibenden Entgelt, angestellt werden, oder aber dergestalt, daß die Arbeit die Form der Unterstützung bildet und folglich der Lohn den Charakter eines Almosens an sich trägt. Sowohl vom Standpunkte der Gemeinde aus, der doch daran gelegen sein sollte, einen möglichst geringen Prozentsatz ihrer Einwohnerschaft auf öffentliche Unterstützung angewiesen zu sehen, als besonders im Interesse der schuldlos der Arbeitslosigkeit anheimgefallenen Arbeitsfähigen muß nachdrücklich gefordert werden, daß das Arbeitsverhältnis in dem denkbar weitgehendsten Umfange als ein freies konstruiert werde.

Diesem Bestreben sind allerdings, was zunächst die regelmäßigen Gemeindearbeiten anlangt, nach zwei Richtungen Grenzen gesetzt. Einmal wird die Gemeinde niemals soweit gehen dürfen, einen ihrer festen, eingeschulten Arbeiter zu entlassen, um dessen Arbeit einem geeigneten Hilfsbedürftigen zu übertragen, selbst wenn zu erwarten steht, daß der bisherige Gemeindearbeiter alsbald anderweite Beschäftigung findet; durch ein solches Verfahren würde die Qualität der Arbeit beeinträchtigt werden und der erzielte pekuniäre Vorteil wäre kein nachhaltiger. Sodann ist der Fall denkbar, daß die Arbeitsgewährung in den Formen der Unterstützung deshalb den Vorzug verdient, weil diese Modalität besser geeignet ist, die unter Umständen erwünschte schärfere Kontrolle über den Arbeitnehmer sicherzustellen. Überall da aber, wo diese oder ähnliche Erwägungen nicht Platz greifen, sollte das freie Arbeitsverhältnis vor der Gewährung von Armenunterstützung gegen Arbeitsleistung bevorzugt und die sittliche Hebung des Hilfsbedürftigen höher angeschlagen werden, als der durch das Eingehen eines freien Arbeitsverhältnisses bedingte Mehraufwand. Wenn z. B. die Armenverwaltung eines Schreibers oder eines Boten bedarf oder wenn sie in der Lage ist, Schneider oder Schuhmacher bei der Anfertigung der an Arme zu verabfolgenden Gebrauchsstücke zu beschäftigen, so ist es socialpolitisch zweifellos richtiger, zur Beschaffung dieser Arbeiten geeignete Hilfsbedürftige unter Einstellung der Armenunterstützung als freie Arbeiter gegen den ortsüblichen Lohnsatz anzustellen, als dieselben Leistungen gegen Gewährung des Existenzminimums aus Armenmitteln durch Armenpfleglinge verrichten zu lassen.

Für die Frage der Armenbeschäftigung ist die unmittelbare Arbeitsverschaffung für die Armenverwaltung schon im Hinblick auf den verhältnismäßig geringen Umfang dieser Thätigkeit von untergeordneter Bedeutung. Ein viel weitergehendes praktisches Interesse bietet in dieser Hinsicht das Verhältnis zwischen Armenverwaltung und Bauverwaltung. Nach den vorliegenden Berichten besteht in einer großen Anzahl von Gemeinden zwischen diesen beiden kommunalen Verwaltungszweigen eine nähere Verbindung in dem Sinne, daß Hilfsbedürftige von der Armenverwaltung zur Beschäftigung der Bauverwaltung überwiesen werden; freilich scheint für die Gestaltung dieses Verhältnisses häufiger das unmittelbare fiskalische Interesse maßgebend gewesen zu sein, als der Gesichtspunkt weitblickender prophylaktischer Fürsorge. Auch hier sollte indessen als leitendes Princip gelten, die im Bereiche der Bauverwaltung zu beschaffenden Arbeiten thunlichst von freien Arbeitern verrichten zu lassen, deren Auswahl nach festen Grundsätzen, etwa in der Weise zu bewirken sein würde, daß bei einigermaßen gleicher körperlicher Rüstigkeit der am Orte Unterstützungswohnsitzberechtigte vor dem Fremden, der Familienvater vor dem Ledigen, der durch längere Arbeitslosigkeit oder Krankheit in Not Geratene vor dem Minderbedürftigen den Vorzug erhielte. Die Entscheidung wäre selbstredend in die Hand der Bauverwaltung zu legen, welcher zwar durch die Armenverwaltung geeignete Arbeitskräfte (Hilfesuchende oder Unterstützte) zugewiesen werden könnten, die aber den letzteren unter keinen Umständen irgendwelchen Vorzug vor anderen Bewerbern einräumen dürfte. Wenn auch nur der Anschein einer derartigen Bevorzugung erweckt würde, so wäre die Folge hiervon, neben der erhöhten Inanspruchnahme der Armenpflege durch thatsächlich nicht Hilfsbedürftige, ein Andrängen auswärtiger Arbeitsloser zum Nachteile der einheimischen Arbeitskräfte. Von den Armenverwaltungen zu Cöln und zu Frankfurt a. M. wird daher die Zuweisung von Arbeit an beschäftigungslose Personen direkt als außerhalb der Aufgaben des Armenamts wie der Stadt liegend bezeichnet und von der Frankfurter Behörde besonders darauf hingewiesen, wie bedenklich es wäre, wenn beschäftigungslose Personen zu dem Glauben kämen, es sei für sie ein Vorteil, sich bei dem Armenamt um Unterstützung zu bewerben, weil sie dann das letztere zur Arbeit bei Behörden, städtischen Arbeitsstellen u. s. w. empföhle oder ihnen vorzugsweise Beachtung bei der städtischen Arbeitsvermittlungsstelle verschaffte. Man braucht aber darum nicht gleich so weit zu gehen, die Verweisung Arbeitsloser an die Bauverwaltung gänzlich auszuschließen, es dürfte vielmehr genügen, wenn die volle Unparteilichkeit bei Auswahl der erforderlichen Arbeitskräfte in der oben bezeichneten Art sichergestellt ist. Übrigens werden auch vom Armenamte in Frankfurt a. M. arbeitslose Familienväter ausnahmsweise dem städtischen Tiefbauamt zur Beschäftigung überwiesen.

In zahlreichen Gemeinden zieht man zur Straßenreinigung und ähnlichen im Bereiche der Bauverwaltung vorkommenden geringwertigeren Arbeiten, welche auch von nicht mehr im Vollbesitze ihrer Arbeitskraft befindlichen Personen ausgeführt werden können, Armenpfleglinge — vereinzelt sogar solche weiblichen Geschlechts — in der Form heran, daß dieselben angehalten werden, die empfangene Geld- oder Naturalunterstützung durch derartige Arbeitsleistungen nachträglich ganz oder wenigstens teilweise abzuverdienen. Diese Form der Hilfe erscheint jedoch wenig empfehlenswert, weil sie geeignet ist, in dem moralisch noch nicht gesunkenen Armen das Gefühl der unverdienten Zurücksetzung und bedrückenden Sonderbehandlung zu erwecken. Ist ein solcher Armer arbeitsfähig und war es nicht möglich, ihm freie Arbeit zu verschaffen, so gebe man dem Entgelt für die ihm angewiesene Thätigkeit den Charakter eines Lohnes und ergänze den letzteren nötigenfalls durch eine angemessene Bar- oder Naturalunterstützung. Einem arbeitsfähigen Menschen aber Unterstützung gewähren und ihn diese abarbeiten lassen, heißt den Umsatz der Arbeitskraft in Geld vernichten und bedeutet in der Praxis nichts weiter, als einen vielleicht an sich garnicht Hilfsbedürftigen künstlich hilfsbedürftig zu machen und ihn zugleich an seinem Fortkommen zu behindern, weil er bei der Geringwertigkeit seiner Thätigkeit kaum in der Lage sein wird, sich aus dem Schuldverhältnisse der Armenbehörde gegenüber herauszuarbeiten. Ein Teil der großstädtischen Verwaltungen ist daher bereits dazu übergegangen, die Straßenreinigung — an die hier freilich erheblich weitergehende Anforderungen gestellt zu werden pflegen, als in kleineren Gemeinden — durch freie, voll arbeitsfähige Arbeiter beschaffen zu lassen und man hat dabei die Erfahrung gemacht, daß **zwei** von diesen letzteren in der Regel mehr leisten, als **zehn** jener meist nur noch beschränkt arbeitsfähigen und jedenfalls nicht sonderlich arbeitsfreudigen Personen. Freilich dürften sich gerade hier auf langjährigem Herkommen beruhende örtliche Gewohnheiten vielfach stärker erweisen, wie als richtig erkannte Grundsätze, und wenn sich selbst eine armenpflegerisch so anfechtbare Einrichtung wie das hamburgische Institut der „Veteranen der Bau-Deputation" nicht ohne weiteres beseitigen läßt, so kann von kleineren Gemeinden ein plötzliches Abgehen von der unter den obwaltenden besonderen Verhältnissen vielleicht gut bewährten Art der Armenbeschäftigung naturgemäß noch viel weniger erwartet werden.

Welche Form der Fürsorge soll nun aber denjenigen arbeitslosen Arbeitsfähigen gegenüber Platz greifen, die weder auf dem freien Arbeitsmarkte, noch im Dienste der Gemeinde Beschäftigung haben finden können? Geht man davon aus, daß die Arbeitswilligkeit noch keineswegs durch die bloße **Nachfrage** um Beschäftigung erhärtet ist, deren Erfolglosigkeit der Arbeitslose vielleicht vorausgesehen oder gar erhofft hatte, sondern daß jener Beweis erst **durch die That** erbracht werden kann, so wird man folgerichtig zu der Forderung gelangen müssen, daß die Gemeinde auf andere Weise Vorsorge für eine geeignete Beschäftigung jener Personen zu treffen habe, um — nötigenfalls unter Nutzbarmachung der Unterstützungsform — das Vorliegen armenrechtlicher Hilfsbedürftigkeit außer Zweifel zu stellen. Die strikte Durchführung des Grundsatzes, daß die Gewährung von Unterstützung an Arbeitsfähige nur in der Form von Arbeitszuweisung oder gegen Arbeitsleistung erfolgen dürfe, mündet also konsequenterweise in das englische Armenpflegesystem aus, das principiell in dem „Workhouse Test" das einzige zuverlässige Beweismittel für die Hilfsbedürftigkeit aller nicht gänzlich erwerbsunfähigen Personen erblickt und eine Unterstützung arbeitsfähiger männlicher Individuen in offener Pflege nur ausnahmsweise und dann lediglich gegen eine anstrengende Arbeitsleistung (Labour Test) zuläßt[1]. Der Übergang zum Workhouse-Princip kann aber für uns — ganz abgesehen von dem Fehlen der erforderlichen umfassenden Einrichtungen — schon deshalb nicht ernstlich in Frage kommen, weil die Einführung eines Systems, bei welchem Hilfsbedürftige, durch die Form der gebotenen Unterstützung nicht grundlos abgeschreckt, ohne die thatsächlich dringend nötige Hilfe bleiben, einen bedenklichen socialpolitischen Rückschritt in sich schlösse. Gerade in England werden neuerdings die Vorzüge des deutschen, auf dem Princip der Individualisierung aufgebauten Armenpflegesystems mehr und mehr anerkannt, indem man dort in letzter Zeit nicht nur zur Einrichtung besonderer Anstalten oder Anstaltsabteilungen für bestimmte Klassen von Insassen (classification by workhouse) übergegangen ist, sondern sogar noch eine Klassifikation innerhalb der einzelnen Anstalt (within the workhouse), je nach den guten oder schlechten Eigenschaften der Insassen, verlangt hat[2]. Für uns wird also die sorgfältige individualisierende Behandlung des einzelnen Falles das Korrektiv bleiben müssen, um zu verhüten, daß weder durch generelle Verabfolgung von Barunterstützung an Arbeitsfähige die freie Arbeit geschädigt oder die Zahl der Armenpfleglinge künstlich gesteigert, noch auch eine Generalisierung der Arbeitsfürsorge herbeigeführt werde, die bei humaner Handhabung die Anerkennung des Rechts auf Arbeit, bei inhumaner den allmählichen Übergang zum Arbeitshausprincip nach sich ziehen müßte.

Erscheint es demgemäß geboten, wandernden Handwerksgesellen den in dem Bibelworte: „So Jemand nicht will arbeiten, der soll auch nicht essen" verkörperten Rechtsstandpunkt möglichst deutlich zum Bewußtsein zu bringen und damit nicht nur der gänzlichen Entwöhnung von der Arbeit vorzubeugen, sondern gleichzeitig auch einer ungerechtfertigten Inanspruchnahme der Armenpflege mit dem erforderlichen Nachdrucke zu begegnen, so wird die Beschäftigung der der seßhaften Bevölkerung angehörenden Arbeitslosen durch die Gemeinde unter normalen Verhältnissen auf diejenigen Fälle beschränkt bleiben müssen, in denen sich diese Form der Unterstützung aus besonderen armenpflegerischen Gründen als notwendig erweist. Es dürfte sich dabei im wesentlichen nur um solche Fälle handeln, in welchen entweder der Verdacht der Arbeitsscheu besteht, die natürlich unter keinen Umständen durch Gewährung von Barunterstützung genährt werden darf, oder wo zu befürchten steht, daß der Arme durch längere Beschäftigungslosigkeit an seiner Arbeitsfähigkeit oder Arbeitsfreudigkeit ernstlichen Schaden nehmen werde. Schon bei solcher Beschränkung dürfte es schwierig sein, dem armenpflegerischen Bedürfnisse stets zu entsprechen; befanden sich doch z. B. in Hamburg unter den in der Zeit vom 1. April 1895 bis zum 31. März 1896 dauernd (laufend) unterstützten 15 136 Parteien nicht weniger als 4874, bei welchen die Hilfsbedürftigkeit durch „Arbeitslosigkeit oder unzureichenden Verdienst" ver-

---

[1] Vergl. Aschrott, Das englische Armenwesen. S. 192 ff.
[2] Vergl. Aschrott, Die Entwickelung des Armenwesens in England seit dem Jahre 1885. Leipzig 1898. S. 39.

urfacht worden war. Größere Armenverwaltungen werden daher für Fälle der bezeichneten Art einer Armenbeschäftigungs- oder Arbeitsanstalt, deren Errichtung in Anlehnung an eine der am Orte bestehenden Anstalten der geschlossenen Armenpflege schon aus Sparsamkeitsrücksichten zu empfehlen ist, nicht entbehren können.

Bei Auswahl der Arbeitsarten für eine solche Veranstaltung wird vor allem zu beachten sein, daß die Arbeit nicht, wie vielfach in den englischen Workhouses, eine völlig nutzlose sei, die lediglich um der Arbeit willen verlangt wird. Mit Recht hebt Rupprecht[1] hervor, daß ein solches Verfahren mit der sittlichen Auffassung der Arbeit unvereinbar und nur geeignet sei, das Interesse an der Arbeit herabzusetzen, dieselbe als etwas Wertloses, als einen sinnlosen Zwang erscheinen zu lassen. Die Arbeit wird eine für die Gemeinde möglichst gewinnbringende und dabei thunlichst auch eine solche sein müssen, die in dem Arbeiter eine gewisse Arbeitsfreudigkeit zu erwecken oder wachzuerhalten vermag; daneben kann die Rücksicht auf das freie Gewerbe nicht außer acht gelassen werden, schon weil dessen Beeinträchtigung wiederum zu einer Mehrbelastung der Armenpflege führen müßte. Vor allen Dingen ist aber eine Arbeit auszuwählen, deren Erlernung besondere Vorkenntnisse oder eine längere Übung nicht erfordert. Danach werden für die Armenbeschäftigung im wesentlichen einfachere mechanische Arbeiten, wie Holzzerkleinern, Steinklopfen, Dütenkleben, Besenmachen, Korbmachen und Mattenflechten in Frage kommen, wobei die Gemeinde naturgemäß in erster Linie an die Deckung des eigenen Bedarfes in diesen Artikeln zu denken hat.

Was sodann die Frage anlangt, ob und eventuell in welchem Umfange eine Entlohnung des Armen für die von ihm geleistete Arbeit einzutreten hat, so kann hier eigentlich, d. h. bei konsequentem Festhalten des Standpunktes, daß ein vertragliches Arbeitsverhältnis nicht vorliegt, von einem nach dem Werte der Leistung zu bemessenden Entgelt keine Rede sein. Streng genommen würde sich daher die Armenbehörde schlechthin auf die Gewährung des Existenzminimums zu beschränken haben, selbst wenn der Ertrag der Arbeitsleistung die Unterstützung bei weitem überstiege. Ein solches Verfahren wäre jedoch wenig geeignet, die Arbeitslust des Armen zu fördern, und es ist daher vom erziehlichen Standpunkte aus, dem die Armenpflege ernstliche Beachtung zu widmen hat, zu verwerfen. Man wird vielmehr zweckmäßigerweise verschiedene Arbeitsgruppen zu bilden, für jede Gruppe ein bestimmtes Arbeitspensum als Mindestleistung festzusetzen und die zu beschäftigenden Armen — eventuell nach mehrtägiger Beobachtung — unter Berücksichtigung ihrer Kräfte, ihrer Fähigkeiten und ihrer Vorbildung der entsprechenden Gruppe mit der Maßgabe zuzuteilen haben, daß das Existenzminimum den Entgelt für die Leistung des vorgeschriebenen Arbeitspensums bildet, während Mehrleistungen nach dem ortsüblichen Lohne entsprechenden Sätzen besonders zu honorieren wären, wogegen Minderleistungen eine Reduktion der Unterstützung unter die Grenze des Existenzminimums oder strafrechtliches Vorgehen zur Folge haben müßten. Selbst-

---

[1] Vergl. a. a. O. S. 8.

verständlich ist auf die thunlichste zeitliche Beschränkung der behördlichen Armenbeschäftigung Bedacht zu nehmen, insbesondere würden, da es sich um in offener Pflege stehende Personen handelt, die pflegerischen Anstrengungen um Verschaffung freier Arbeit fortzudauern haben, auch wäre dem Armen in ausgiebigster Weise Gelegenheit zu geben, sich selbst um anderweite Beschäftigung umzusehen, ohne daß die diesbezüglichen Bemühungen, welche naturgemäß zur Verminderung seiner Arbeitsleistung führen, eine Reduktion der Unterstützung zur Folge haben dürften. Dieses letztere Verfahren hat freilich die Möglichkeit einer scharfen Kontrolle über den Armen zur Voraussetzung, die in durchaus zweckentsprechender Weise durch das in Aachen eingeführte Verfahren (vergl. Anlage 3 und 5) geübt werden könnte.

Eine über ihre Bedeutung als Prüfstein der Arbeitswilligkeit und als Erziehungsmittel weit hinausgehende socialreformatorische Tragweite könnten derartige Armenbeschäftigungsanstalten gewinnen, falls es gelänge, in ihnen eine geeignete Unterlage für die Anwendbarkeit der §§ 361 und 362 des Strafgesetzbuches gegenüber solchen Personen zu schaffen, welche die Fürsorge für ihre Familie in schuldhafter Weise verabsäumen. Nach § 361 Nr. 7 Str.-G.-B. wird mit Haft bestraft, neben welcher gemäß § 362 auf Überweisung an die Landespolizeibehörde erkannt werden kann,

"wer, wenn er aus öffentlichen Armenmitteln Unterstützung empfängt, sich aus Arbeitsscheu weigert, die ihm von der Behörde angewiesene, seinen Kräften angemessene Arbeit zu verrichten."

Es handelt sich hier um eine Strafvorschrift armenpolizeilichen Charakters, deren Tendenz dahin geht, dem Mißbrauche der unbedingten Unterstützungspflicht der Armenverbände durch Unwürdige zu begegnen. Wenn aber strafrechtlicher Schutz überall nur da geboten ist, wo es sich um einen direkten Einbruch in die staatliche Rechtsordnung handelt und wo die innerhalb der gesetzlichen Grenzen geübte Selbsthilfe zur Abwehr von Nachteilen nicht ausreicht, so bedarf die Armenbehörde jenes Schutzes gegenüber alleinstehenden Unterstützungsempfängern, welche die Leistung der ihnen als Äquivalent für gewährte Unterstützung angewiesenen Arbeit verweigern, nicht, weil sie sich hier vor mißbräuchlicher Ausnutzung durch die Einstellung der Unterstützung hinlänglich zu schützen in der Lage ist, weshalb in der Praxis auch von dem § 361 Nr. 7 Str.-G.-B. in Bezug auf alleinstehende Arme kaum Gebrauch gemacht wird. Anders liegt dagegen die Sache in Bezug auf arbeitsscheue oder solche Familienhäupter, welche sich von ihren Angehörigen getrennt und die Fürsorge für dieselben der Armenverwaltung überlassen haben. Gewiß wird die Armenbehörde, wenn das arbeitsscheue Familienhaupt die Verrichtung der ihm angewiesenen Arbeit verweigert, auch hier zunächst mit der Einstellung der Unterstützung vorgehen. Die Not wird dann aber in der Regel das Familienband sprengen und die Frau alsbald genötigt sein, sich von ihrem Mann zu trennen, um als selbständige Armenpartei für sich und die Kinder öffentliche Unterstützung in Anspruch zu nehmen, die ihr alsdann nicht verweigert werden kann. Vollends machtlos steht die Armenbehörde solchen Familienhäuptern gegenüber da, welche ihre Angehörigen verlassen haben. Diese brauchen ihre Thätigkeit nur geflissentlich auf das Maß des für den eigenen Notbedarf Erforderlichen zu beschränken, um sich nicht nur der civilrechtlichen Inanspruchnahme seitens ihrer Familienangehörigen, wie des für deren Unterhalt aufkommenden Armenverbandes zu entziehen, sondern auch die Anwendung der in § 361 Nr. 10 des Str.-G.-B. gegebenen Strafvorschrift zu vereiteln. Daß es die unabweisbare Pflicht der Staatsgewalt ist, die Armenverbände durch Gewährung geeigneter Machtmittel gegen die schrankenlose Ausbeutung seitens solcher gewissenloser und pflichtvergessener Familienhäupter in wirksamer Weise zu schützen, ist gelegentlich der vorjährigen Verhandlungen über das Thema „Zwangsmaßregeln gegen nährpflichtige Angehörige" allseitig anerkannt worden. Geteilt waren die Meinungen nur darüber, ob eine Verschärfung des Strafrechts anzustreben, oder aber die Einführung eines Verwaltungsverfahrens zu fordern sei, welches der Armenbehörde die zeitweilige Unterbringung säumiger Nährpflichtiger in einer Zwangsarbeitsanstalt gestattet. War nun auch die große Mehrheit der im Verein vertretenen Verwaltungen der Ansicht, daß auf dem Wege einer Reform des Strafrechts schon in Anbetracht der durch unser Strafverfahren dem Angeklagten gegebenen Möglichkeit, die Sache durch Beweisanträge und Ausnutzung des Instanzenzuges monatelang zu verschleppen, eine wirksame Abhilfe nicht zu erwarten sei, so wird gleichwohl den Armenverwaltungen, solange das Verwaltungsverfahren nicht zur praktischen Durchführung gelangt ist, jedes Mittel willkommen sein, durch welches ihnen die Möglichkeit eines nachdrücklicheren Vorgehens gegenüber säumigen Nährpflichtigen eröffnet wird. Von einzelnen Verwaltungen ist bereits der Versuch unternommen worden, den § 361 Nr. 7 Str.-G.-B., der vor dem § 361 Nr. 10 jedenfalls den großen Vorzug voraus hat, daß er dem Gerichte die Überweisung des Angeklagten an die Landespolizeibehörde ermöglicht, gegen säumige Nährpflichtige in Anwendung zu bringen. Der Erfolg war durchweg kein günstiger, insbesondere hat sich auch hier wieder gezeigt, daß die Gerichte — im Gegensatz zu der ihnen sonst imputierten Neigung ausdehnender Interpretation des Strafgesetzes — auf dem Gebiete des Armenwesens stets geneigt sind, die Wirkungen der ohnehin dürftigen Strafbestimmungen durch eine einschränkende Auslegung völlig lahmzulegen. So berichtet u. a. die Armenverwaltung zu Breslau, daß Strafanzeigen aus § 361 Nr. 7 Str.-G.-B. wegen Nichtannahme oder ungerechtfertigten Verlassens der auf Grund des § 1 des preußischen Ausführungsgesetzes zum Unterstützungswohnsitzgesetze vom 8. April 1871 zugewiesenen Arbeit nicht selten zu Freisprechungen geführt hätten, weil der durch irgend einen Genossen bestätigte Einwand des Beschuldigten, daß er sich selbst — wenn auch nur für ganz kurze Zeit — anderweite Arbeit verschafft und thatsächlich an dem einen oder anderen Tage gearbeitet habe, zur Widerlegung der behaupteten Arbeitsscheu für durchschlagend erachtet worden war. Das Schlimmste sei aber die neuerdings vom Landgerichte Breslau aufgestellte Ansicht, daß § 361 Nr. 7 überhaupt nur Anwendung finden könne bei Personen, welche für sich selbst Unterstützung beansprucht hätten, nicht aber auch auf diejenigen, welche in der Person ihrer Angehörigen unterstützt würden. Diese letztere Auslegung macht den § 361

Nr. 7 gerade für die Fälle, wo seine Anwendung am dringendsten not thut, illusorisch; es steht indessen zu hoffen, daß andere Gerichte den Standpunkt des Breslauer Landgerichts reprobieren werden, das nicht nur den Zweck der fraglichen Gesetzbestimmung durchaus verkannt, sondern auch bei der Entscheidung über eine Rechtsfrage, die lediglich nach Armen= recht beurteilt werden kann, die Principien des letzteren völlig unberück= sichtigt gelassen hat. Der in der altpreußischen Armengesetzgebung konstant festgehaltene Grundsatz, daß als das eigentliche Objekt der öffentlichen Armenpflege in rechtlicher Beziehung nur dann das hilfsbedürftige Indi= viduum selbst gilt, wenn es selbständig, dagegen das Familien= haupt, wenn der Hilfsbedürftige ein abhängiges Familienglied ist, ist auch vom deutschen Armenrecht acceptiert. Weil derjenige hilfsbedürftig ist, der nicht Kräfte genug besitzt, um sich und seinen arbeits= unfähigen Angehörigen den notdürftigsten Unterhalt zu verschaffen, diese also gewissermaßen armenrechtlich mit ihm ein Ganzes bilden und der ihnen mangelnde Unterhalt demnach seine eigene Hilfsbedürftigkeit involviert, so wird angenommen, daß die faktisch dem erwerbsunfähigen Angehörigen gewährte Unterstützung rechtlich dem zu ihrer Ernährung verpflichteten Familienhaupt selbst zu teil und letzteres dadurch zum Unterstützten wird. Demgemäß hat auch das Bundesamt für Heimatwesen in seiner Recht= sprechung den Grundsatz befolgt, daß öffentliche Unterstützung des Famlien= hauptes nicht bloß dann anzunehmen ist, wenn das letztere persönlich von einem Armenverbande unterstützt wird, sondern auch dann, wenn seine arbeitsfähigen Angehörigen der Amenpflege anheimgefallen sind[1].

Aber auch noch in anderer Hinsicht sind Klagen über die Handhabung des § 361 Nr. 7 seitens der Gerichte und Befürchtungen in der Richtung, daß sich auf diesem Wege ein wirklicher Erfolg kaum werde erzielen lassen, laut geworden. Zahlreiche Verwaltungen berichten über die großen Schwierigkeiten, auf die sie den Gerichten gegenüber bezüglich des Nach= weises der Arbeitsscheu gestoßen seien. Der Angeklagte erziele in der Regel dadurch seine Freisprechung, daß er die durch medizinische Sachverständige kaum widerlegbare Behauptung aufstelle, er habe der Aufforderung zur Arbeit infolge rheumatischer oder sonstiger innerer Schmerzen nicht ent= sprechen können. Derartigen Einwendungen dürfte sich jedoch durch eine vorgängige armenärztliche Untersuchung des Hilfsbedürftigen, oder falls diese nicht ausführbar ist, dadurch begegnen lassen, daß sogleich bei Er= stattung der Strafanzeige der im Hinblick auf den Thatbestand des § 361 Nr. 7 Str.=G.=B. zweifellos erhebliche Antrag gestellt wird, die Arbeits= fähigkeit des Beschuldigten einer schleunigen gerichtsärztlichen Feststellung zu unterziehen.

Die Armenverwaltung zu Mainz referiert sodann einen Fall, in welchem die Einleitung des Strafverfahrens gegen einen Hilfsbedürftigen, der gelernter Kaufmann, später Schutzmann und dann Schreibgehilfe war und der sich geweigert hatte, die Arbeit des Straßenkehrens zu verrichten, vom Amtsanwalt im Einverständnis mit dem Ersten Staatsanwalt unter

---

[1] Vgl. Eger a. a. O. S. 10 f. und die dort angeführten Entscheidungen.

der Begründung abgelehnt worden sei, daß, wenn auch die Beschäftigung des Beschuldigten als Tagelöhner ihm möglicherweise die Mittel zu einer ausgiebigeren Unterstützung seiner Familie an die Hand gegeben hätte, demselben doch das Recht zugestanden werden müsse, sich in erster Linie nach einer seiner früheren Thätigkeit verwandten Beschäftigung umzusehen, umsomehr, als er sonst voraussichtlich nie mehr eine derartige Stellung finden würde. Wenn damit lediglich die Arbeitsscheu des Betreffenden als nicht erwiesen hingestellt werden sollte, so mag die Begründung in thatsächlicher Hinsicht der Bemängelung unterliegen, rechtlich ist sie dann indessen nicht zu beanstanden. Dagegen würde sie als juristisch völlig verfehlt bezeichnet werden müssen, wenn etwa dadurch ausgesprochen sein sollte, daß der Hilfsbedürftige der behördlichen Aufforderung nur dann zu entsprechen verpflichtet sei, wenn ihm eine seiner Berufsbildung entsprechende Beschäftigung angeboten worden wäre. Das widerspräche nicht nur dem Wortlaute des Gesetzes, das lediglich darauf Gewicht legt, daß die Arbeit den Kräften des Beschuldigten angemessen war, d. h. körperlich von ihm geleistet werden konnte, sondern hieße überdies die Wirksamkeit der Strafvorschrift völlig vereiteln, da es sich hier um eine Notarbeit handelt und von der Armenverwaltung unmöglich verlangt werden kann, daß sie Arbeit aller nur denkbaren Branchen für etwaige Hilfsbedürftige bereit hält.

Wieder andere Verwaltungen berichten, daß die Hilfsbedürftigen alsbald nach dem Ergehen der Arbeitsauflage aus der Gemeinde zu verschwinden und ihre Familie in hilfloser Lage zurückzulassen pflegten. Diesem Übelstande wäre einigermaßen begegnet, wenn gleichartige Arbeitseinrichtungen allerwärts beständen und der Hilfsbedürftige auch an seinem neuen Aufenthaltsorte auf Requisition der Armenbehörde des Wohnsitzes seiner Familie eine Aufforderung zur Arbeitsleistung zu gewärtigen hätte.

Obwohl endlich insbesondere von der Armenverwaltung zu Crefeld mit Recht darauf hingewiesen wird, daß die auf Grund des § 361 Nr. 7 dort erkannten Strafen (in einem Falle 5 Tage, in einem Falle 1 Tag Haft) dem völligen Versagen der Strafrechtspflege auch in Bezug auf diesen Thatbestand nahezu gleichkämen, so sollten gleichwohl die Armenbehörden — soweit sie nicht schon jetzt in dem Verwaltungszwangsverfahren einen wirksameren Schutz genießen — in der Erwägung, daß jede Verurteilung eines säumigen Nährpflichtigen, insbesondere wenn sie dessen Unterbringung in der Korrektionsanstalt ermöglicht, dem jetzigen unhaltbaren Zustande gegenüber einen schätzbaren Gewinn bedeutet, mit Arbeitsauflagen und Strafanzeigen unnachsichtig vorgehen. Freilich vermag auch der Berichterstatter die Befürchtung nicht zu unterdrücken, daß unter Zuhilfenahme des § 361 Nr. 7 ein nachhaltiger Erfolg kaum zu erzielen sein wird, immerhin dürfte aber eine solche energische Aktion auf der ganzen Linie auch im Falle ihrer materiellen Erfolglosigkeit geeignet sein, die Frage der Zwangsmaßregeln gegenüber säumigen Nährpflichtigen im Flusse zu erhalten und weiteres Beweismaterial dafür zu erbringen, daß strafrechtliche Vorschriften als ein geeignetes Mittel zur wirksamen Bekämpfung mißbräuchlicher Ausnutzung der Armenpflege überhaupt nicht gelten können.

Die vorstehend behandelten, auf normale wirtschaftliche Verhältnisse zugeschnittenen Arbeitseinrichtungen müssen sich selbstredend als unzulänglich erweisen, sobald infolge eines besonderen Notstandes Arbeitslose in größeren Massen an die Armenpflege herantreten. Wenn schon in Bezug auf den einzelnen Hilfsbedürftigen die Bedeutung einer weisen vorbeugenden Fürsorge nicht hoch genug angeschlagen werden kann, so gilt dies in weitaus bedeutenderem Maße gegenüber Ereignissen, durch deren lähmende Einwirkung auf Handel und Industrie größere Massen von Arbeitern aus ihrer gewohnten Beschäftigung geworfen werden. Solche Krisen pflegen, wenn sie nicht etwa infolge von Naturereignissen, wie Brand oder Überschwemmung, eintreten, nicht über Nacht hereinzubrechen, sondern sie bereiten sich meist von langer Hand vor. Die Gemeinde wird daher auch in der Lage sein, die zur Bekämpfung des Übels geeigneten Vorkehrungen so rechtzeitig zu treffen, daß die Abwehrmaßregeln in Gestalt der Erschließung neuer Erwerbsgelegenheit beim wirklichen Einsetzen des Notstandes unverzüglich in Wirksamkeit treten können. Ist auch bei der Entscheidung über den Beginn der Notstandsarbeiten dem Urteil der Armenbehörde, die über den Umfang des Notstandes am unmittelbarsten unterrichtet ist, naturgemäß eine besondere Bedeutung beizumessen, so wäre es ein bedenklicher socialpolitischer Fehler, wollte man die Einrichtung als solche zu einem Akte der Armenpflege stempeln. Dies bedeutete nicht nur gegenüber den schuldlos beschäftigungslos gewordenen Arbeitern eine Härte, sondern hätte überdies den großen Nachteil, daß voll erwerbsfähige Personen in großer Zahl an den Genuß öffentlicher Unterstützung gewöhnt würden. Die Arbeiten werden vielmehr von der Bauverwaltung zu leiten und über die Annahme von Notstandsarbeitern durch die letztere feste Grundsätze etwa dahin aufzustellen sein, daß lediglich am Orte unterstützungswohnsitzberechtigte Personen Berücksichtigung finden dürfen und daß unter diesen wiederum die Familienväter je nach der Größe ihrer Familie oder dem Grade ihrer Bedürftigkeit bevorzugt werden. Die Mitwirkung der Armenbehörde bleibt zweckmäßig auf die Hilfeleistung bei Feststellung der persönlichen Verhältnisse beschränkt, und vor allem ist auch der Anschein zu vermeiden, als ob die Inanspruchnahme öffentlicher Unterstützung eine vorzugsweise Berücksichtigung zur Folge hätte. Eine Verweisung an die Notstandsarbeiten von seiten der Armenpflegeorgane wird somit in Bezug auf Hilfesuchende oder Unterstützte nur unter denselben Modalitäten zugelassen werden dürfen, die oben als die geeignete Basis für das Verhältnis zwischen Armenverwaltung und Bauverwaltung bezeichnet worden sind.

Anlangend die Art der im Falle eines Notstandes seitens der Gemeinde bereit zu stellenden Thätigkeit, so können hier Industriearbeiten, die nicht nur geschulte Arbeitskräfte voraussetzen, sondern auch mehr oder weniger umfassende technische Einrichtungen erfordern, kaum in Betracht kommen, vielmehr wird es sich entweder um die schleunige Inangriffnahme ohnehin bereits geplanter Gemeindearbeiten, oder aber darum handeln müssen, daß die Gemeinde gewisse Gegenstände, deren sie für spätere Zeiten bedarf, auf Vorrat herstellen läßt. In ersterer Hinsicht kommen vor allem Bau- und Erdarbeiten, wie Hoch- oder Straßenbauten, Kanali=

sationen, Planierungen, Abbruchsarbeiten, Meliorationen, in letzterer die Herstellung von Steinschlag oder Brennholz, Sieben von Sand und dergl. in Frage.

Wenn die Gemeinde Notarbeiten unternimmt, lediglich um den unfreiwillig feiernden Händen Beschäftigung zu verschaffen und um unverschuldet in hilfsbedürftige Lage geratenen Personen die nötige Versorgung in der würdigeren Form des Arbeitslohnes zu bieten, so ist sie, schon um einem übermäßigen Andrange von Arbeitskräften vorzubeugen, geradezu gezwungen, den Entgelt unterhalb des ortsüblichen Lohnes zu halten und denselben lediglich so zu bemessen, daß dem Arbeiter nur sein notdürftiges Auskommen eben gesichert ist. Die Befürchtung, daß die Gelegenheit von anderen Arbeitgebern benutzt werden könnte, um den Lohn ihrer Arbeiter herabzudrücken, erscheint unbegründet, sofern sich die Gemeinde auf Thätigkeitsgebiete der vorstehend bezeichneten Art beschränkt und Arbeiten vermeidet, welche gleichzeitig auch von privater Seite betrieben werden.

Besonders sorgfältiger Erwägung hat endlich die Festsetzung des Zeitpunktes der Einstellung der Notstandsarbeiten zu unterliegen. Weder ist außer Berücksichtigung zu lassen, daß zu frühzeitig abgebrochene Notstandsarbeiten zur Erneuerung des Notstandes führen können, weil andere Arbeitsgelegenheit noch nicht wieder in genügendem Umfange vorhanden ist, noch darf übersehen werden, daß durch die ungerechtfertigte Ausdehnung derselben der neuaufblühenden Industrie Arbeitskräfte entzogen, sowie die Notstandsarbeiter in ihrem Einkommen geschmälert und in ihrer Selbständigkeit beeinträchtigt werden.

Der Begriff der Notstandsarbeiten hat in einzelnen Gemeinden eine ausdehnende Auslegung insofern erfahren, als dieselben bereits in dem allwinterlich wiederkehrenden Ruhen gewisser Erwerbsgelegenheiten einen durch Inangriffnahme außerordentlicher Arbeiten zu bekämpfenden Notstand erblicken und die Stadt Offenbach ist sogar dazu übergegangen, den Notstand gewissermaßen zu perpetuieren, indem sie laut Regulativ vom 10. Mai 1899 zur Beschäftigung arbeitsloser und erwerbsbeschränkter Personen alljährlich 30 000 Mk. unter dem ausdrücklichen Hervorheben auswirft, daß auf diese Summe Arbeiten, welche als voranschlagsmäßige anzusehen seien, nicht angewiesen werden dürften. Dieses Verfahren erscheint um so bedenklicher, als es in eine Zeit fällt, wo Industrie und Handel in höchster Blüte stehen und die Arbeitsnachweise vielfach außer stande sind, die verlangten Arbeitskräfte zu verschaffen[1]. Das Regulativ dürfte, zumal im Hinblick darauf, daß die benachbarte Großstadt Frankfurt a. M. die behördliche Arbeitszuweisung grundsätzlich perhorresziert, ein starkes Zuströmen Arbeitsloser und Erwerbsbeschränkter zur Folge haben und es ist kaum zu bezweifeln, daß die Stadt Offenbach durch den Eintritt eines wirklichen Notstandes vor erhebliche Schwierigkeiten gestellt werden würde.

---

[1] Auf 100 offene Stellen kamen im Mai 1899 nur 98,9 Arbeitsuchende (gegen 114,1 im Vorjahre). Vergl. „Der Arbeitsmarkt". 2. Jahrgang Nr. 9. S. 176.

Wenn daher einerseits besondere Notstandsarbeiten grundsätzlich nur eingerichtet werden sollten, falls außergewöhnliche Umstände es erfordern, so ist andererseits nicht zu verkennen, daß durch ein vorausschauendes Zusammenwirken zwischen der Armenverwaltung einerseits und der Bauverwaltung oder der sonst in Betracht kommenden Stelle andererseits, mancher derartigen, die Gemeinde schwer belastenden wirtschaftlichen Kalamität vorgebeugt werden könnte. Dazu gehört vor allem, daß bei der Inangriffnahme großer kommunaler Aufgaben die Lage des Arbeitsmarktes mit in Betracht gezogen und eine Häufung von Arbeiten auf einen und denselben Termin vermieden wird, die zur Heranziehung auswärtiger Arbeitskräfte führen muß, welche letzteren dann späterhin auf den Arbeitsmarkt drücken und schließlich sogar unterstützt werden müssen. Erforderlich ist ferner, daß diejenigen regulären öffentlichen Arbeiten, die auch im Winter ausgeführt werden können, in die winterliche Zeit verlegt werden und daß insbesondere in geeigneter Weise dafür Vorsorge getroffen wird, daß die in der Gemeinde unterstützungswohnsitzberechtigten Arbeiter auch von seiten der Unternehmer in erster Linie Berücksichtigung finden.

Von besonderer Bedeutung ist hier eine im September 1894 vom preußischen Ministerium des Innern an alle Kreise und Gemeinden erlassene Verfügung, in der dieselben auf Maßregeln aufmerksam gemacht werden, um dem Entstehen weitverbreiteter Arbeitslosigkeit vorzubeugen und die Wirkungen eines unvermeidlichen Arbeitsmangels zu mildern. Wie der Staat, so hätten auch die kommunalen Vertretungen in ihrer Eigenschaft als Arbeitgeber die Pflicht, der Arbeitslosigkeit nach Kräften dadurch entgegenzuwirken, daß **sie allgemein und planmäßig auf eine zweckmäßige Verteilung und Regelung der für ihre Rechnung auszuführenden Arbeiten Bedacht nähmen.** Insbesondere sei darauf zu sehen, **daß die Arbeiten, die nicht unbedingt an die Jahreszeit oder an bestimmte Termine gebunden seien, möglichst in solche Monate verlegt würden, in denen ein Mangel an Arbeitsgelegenheit zu befürchten sei. Dies gelte namentlich von solchen Arbeiten, bei denen auch nicht gelernte Arbeiter Verwendung finden könnten.** Andererseits müßten aber auch Vorkehrungen getroffen werden, um einen zu großen Zufluß Arbeitsloser nach einzelnen Orten thunlichst zu verhindern. Deshalb sollten bei Arbeiten der erwähnten Art von den Kommunen nur solche Leute beschäftigt werden, die in dem betreffenden Orte den Unterstützungswohnsitz haben und dort wenigstens bereits eine bestimmte Zeit in regelmäßiger Arbeit gewesen sind.

Möchte diese Verfügung weitgehende Beachtung finden! Sie deutet den Weg planvoller kommunaler Socialpolitik an, auf welchem es den Gemeinden beschieden sein dürfte, das gewaltige Problem präventiver Bekämpfung der Arbeitslosigkeit seiner Lösung näherzubringen.

IV.

Auf Grund der vorstehenden Ausführungen werden folgende Leitsätze zur Annahme empfohlen:

1. Die zweckmäßigste Form der Hilfe für arbeitsfähige Personen, welche sich wegen Arbeitslosigkeit an die Armenpflege wenden, ist die Verschaffung von Beschäftigung auf dem freien Arbeitsmarkte.
2. Zu diesem Zwecke empfiehlt sich eine Verbindung der Armenbehörde mit den am Orte bestehenden Arbeitsnachweisen auf der Grundlage der Gleichberechtigung der von der ersteren überwiesenen Personen mit den sonstigen Arbeitsuchenden.
3. Zur Verrichtung kommunaler Arbeiten eingestellte Arbeitslose sind thunlichst als freie Arbeiter zu behandeln; von dem Verlangen einer Arbeitsleistung als Äquivalent für vorher empfangene Unterstützung ist, insbesondere bei voll erwerbsfähigen Personen, abzusehen.
4. Besteht der Verdacht der Arbeitsscheu oder erscheint eine andere Unterstützungsform aus sonstigen armenpflegerischen Gründen nicht ratsam, so ist die Unterstützung lediglich mittels Arbeitszuweisung zu gewähren.
5. Zur Durchführung dieses Princips sind Armenarbeitsanstalten zu errichten, die dem Unterstützten nicht den vollen Unterhalt, sondern lediglich angemessene Beschäftigung bieten.
6. Gegen säumige Nährpflichtige, welche der ihnen zu erteilenden Arbeitsauflage nicht Folge leisten, ist, sofern sie nicht im Verwaltungswege zwangsweise zur Arbeit angehalten werden können, auf Grund § 361 Nr. 7, 362 Str.-G.-B. vorzugehen.
7. Für die Dauer besonderer Notstände sind Notstandsarbeiten in Aussicht zu nehmen; die Annahme der Arbeiter hat ohne Vermittlung der Armenbehörde zu erfolgen.
8. Dem Eintritt solcher Notstände ist durch ein planmäßiges Zusammenwirken der beteiligten Stellen thunlichst vorzubeugen.

Anhang.

Anlage 1.

Zusammenstellung der landesgesetzlichen Bestimmungen
über die
Verpflichtung arbeitsfähiger Unterstützungsempfänger zur Verrichtung der ihnen zugewiesenen Arbeiten.

Preußen.
Ausführungsgesetz zum Reichsgesetz über den Unterstützungswohnsitz vom 8. März 1871, § 1 Abs. 2:

Die Unterstützung kann geeigneten Falles, solange dieselbe in Anspruch genommen wird, mittelst Unterbringung in einem Armen- oder Krankenhause, sowie mittelst Anweisung der den Kräften des Hilfsbedürftigen entsprechenden Arbeiten außerhalb oder innerhalb eines solchen Hauses gewährt werden.

Sachsen.
Armenordnung vom 22. Oktober 1840:

§ 27. Der Zwang des arbeitsscheuen Armen zur Arbeit gehört zum Beruf der Polizeibehörden, mit denen sich deshalb die Armenbehörden, wo sie von ersteren verschieden sind, zu vernehmen haben.

Die Verschaffung lohnender Arbeit für arbeitswillige und fähige, aber arbeitslose Arme ist die Sorge der Armenbehörden.

§ 31. Diejenigen Armen, welche die ihnen dargebotene, ihren Kräften und sonstigen Verhältnissen angemessene Gelegenheit zur Arbeit verschmähen, sind, wenn nicht ihre wirkliche Unfähigkeit zur Arbeit erwiesen ist, jeder öffentlichen Unterstützung als unbedingt unwürdig zu erkennen, fallen aber sofort, als der Arbeitsscheu und mutwilligen Bettelei verdächtig, der polizeilichen Aufsicht und den Maßregeln anheim, welche nach § 107 ff. gegen arbeitsscheue Arme und Bettler vorgeschrieben sind.

Württemberg.
Ausführungsgesetz zum Reichsgesetz über den Unterstützungswohnsitz vom 17. April 1873, § 1 Abs. 2:

Wenn Jemand für seine Person oder seine nicht arbeitsfähigen Angehörigen (vgl. § 4 des Freizügigkeitsgesetzes vom 1. November 1867)

Unterstützung in Anspruch nimmt, so kann solche mittelst Unterbringung in einem Armen- oder Krankenhause, geeigneten Falls mittelst Anweisung der den Kräften des Hilfsbedürftigen entsprechenden Arbeiten außerhalb oder innerhalb eines solchen Hauses gewährt werden.

Gesetz vom 2. Juli 1889, Art. 14:

Wer für sich selbst oder in der Person seiner Ehefrau oder seiner noch nicht 14 Jahre alten Kinder öffentliche Unterstützung empfängt, kann durch Beschluß der die Unterstützung gewährenden Armenbehörde verpflichtet werden, hierfür nach dem Maße seiner Kräfte diejenigen Arbeiten zu verrichten, welche ihm von der Armenbehörde innerhalb oder außerhalb einer öffentlichen Armenanstalt angewiesen werden.

Baden.
Gesetz vom 5. Mai 1870, die öffentliche Armenpflege betreffend:

§ 18. Der verpflichtete Armenverband hat dem Unterstützungsbedürftigen den unentbehrlichen Unterhalt nach Maßgabe des Bedürfnisses und unter Verwendung der etwa vorhandenen Arbeitskraft zu gewähren, insbesondere Sorge zu tragen für Erziehung, Unterricht und Erwerbsbefähigung der Kinder, für ärztliche Behandlung und Verpflegung der Kranken und für die Bestreitung des Begräbnisses.

Hessen.
Ausführungsgesetz zum Reichsgesetz über den Unterstützungswohnsitz vom 14. Juli 1871:

Artikel 1 übereinstimmend mit § 1 des preußischen Ausführungsgesetzes.

Mecklenburg-Schwerin.
Ausführungsverordnung zum Reichsgesetz über den Unterstützungswohnsitz vom 20. Februar 1871:

§ 4 Abs. 4. Jedem Armenverbande ist es gestattet, die einem Hilfsbedürftigen zu gewährende Unterstützung durch Zuweisung von Arbeit resp. durch Unterbringung in einer öffentlichen Armen- oder Arbeitsanstalt zu gewähren, die dem Orts-Armenverbande zu solchem Zwecke zugänglich ist. In diesem Falle ist der Unterstützte dem Reglement solcher Anstalt unterworfen, insbesondere auch zu den durch dasselbe vorgeschriebenen Arbeiten verpflichtet.

Sachsen-Weimar.
Ausführungsgesetz zum Reichsgesetz über den Unterstützungswohnsitz vom 23. Februar 1873:

§ 4 Abs. 2 und 3. Die Unterstützung kann geeigneten Falles mittelst Unterbringung in einem Armen- oder Krankenhause, sowie mittelst Anweisung der den Kräften des Hilfsbedürftigen entsprechenden Arbeiten gewährt werden.

Arbeitseinrichtungen für Zwecke der offenen Armenpflege. (Anhang.) 49

Arbeitsfähige Unterstützung suchende Personen sind zur Leistung geeigneter Arbeit nötigen Falls zwangsweise (§ 361 Nr. 7 des Str.-G.-B.) anzuhalten.

Mecklenburg-Strelitz.
Ausführungsverordnung zum Reichsgesetz über den Unterstützungswohnsitz für Mecklenburg-Strelitz und Ratzeburg:

§ 4 übereinstimmend mit § 4 der Verordnung für Mecklenburg-Schwerin.

Oldenburg.
Rev. Gemeindeordnung für das Herzogtum Oldenburg vom 15. April 1873:

Art. 70 § 1. Die Armenkommission ist verpflichtet, über den Stand und die Ursachen der Armut in der Gemeinde sich Kenntnis zu verschaffen und den darin sich aufhaltenden Hilfsbedürftigen nach Maßgabe des Bedürfnisses und unter Verwendung der etwa vorhandenen Arbeitskraft die nötige Unterstützung zu gewähren.

§ 2. Die Unterstützung darf niemals über das Notwendige hinausgehen und kann, solange sie in Anspruch genommen wird, namentlich auch mittelst Unterbringung in einem Armen- oder Krankenhause, sowie mittelst Anweisung der den Kräften des Hilfsbedürftigen entsprechenden Arbeiten außerhalb oder innerhalb eines solchen Hauses gewährt werden.

Braunschweig.
Ausführungsgesetz zum Reichsgesetz über den Unterstützungswohnsitz vom 5. Juni 1871:

§ 1 übereinstimmend mit § 1 des preußischen Ausführungsgesetzes.

Sachsen-Meiningen.
Ausführungsgesetz zum Reichsgesetz über den Unterstützungswohnsitz vom 24. Februar 1872:

Art. 1 übereinstimmend mit § 1 des preußischen Ausführungsgesetzes.

Sachsen-Altenburg.
Ausführungsverordnung zum Reichsgesetz über den Unterstützungswohnsitz vom 3. Juni 1871:

§ 1 übereinstimmend mit Abs. 1 und 2 des § 1 des preußischen Ausführungsgesetzes.

Gesetz über das Armenwesen vom 9. August 1833:

§ 62. Arbeitsfähigen, aber verdienstlosen Personen ist durch Verschaffung von Arbeit, wenn auch um den geringsten Lohn und nach Umständen durch anderweite zweckmäßige Unterstützung zeitig Hilfe zu leisten, damit sie in den Stand gesetzt werden, durch eigene Thätigkeit sich vor gänzlicher Verarmung zu verwahren.

§ 63. Die einzelnen Gemeinden des Landes haben besonders darauf Bedacht zu nehmen, daß zu den öffentlichen, auf Kommunalkosten zu verrichtenden Arbeiten, als Straßen- und Wegebesserung, öffentliche Bauten, in den Städten die Straßenreinigung und dergl., verdienstlose aber arbeitsfähige Personen verwendet werden.

§ 65. Auch werden die einzelnen Gemeinden des Landes darauf Bedacht nehmen, daß durch zu errichtende Hilfsvereine und öffentliche Arbeitsanstalten den verdienstlosen Armen, welchen keine Privatarbeit verschafft werden kann, worauf immer vornehmlich hinzuwirken ist, Arbeit und Verdienst verschafft werden könne.

§ 66. Arbeitsscheue und widerspenstige Verdienstlose, welche arbeiten können, aber nicht wollen, können von der Obrigkeit mit Zwang zur Arbeit, namentlich zu öffentlichen Arbeiten angehalten werden, wofür ihnen ein geringer Lohn zu gewähren ist.

Sachsen-Coburg-Gotha.
Ausführungsgesetz zum Reichsgesetz über den Unterstützungswohnsitz vom 31. Mai 1871:

§ 1 übereinstimmend mit § 1 des preußischen Ausführungsgesetzes.

Anhalt.
Ausführungsgesetz zum Reichsgesetz über den Unterstützungswohnsitz vom 29. Juni 1871:

§ 1 übereinstimmend mit § 1 des preußischen Ausführungsgesetzes.

Schwarzburg-Sondershausen.
Ausführungsgesetz zum Reichsgesetz über den Unterstützungswohnsitz vom 25. Januar 1872:

§ 4 Abs. 2. Die Unterstützung kann geeigneten Falles mittelst Unterbringung in einem Armen- oder Krankenhause, sowie mit Anweisung der den Kräften des Hilfsbedürftigen entsprechenden Arbeiten gewährt werden.

Schwarzburg-Rudolstadt.
Ausführungsgesetz zum Reichsgesetz über den Unterstützungswohnsitz vom 23. Juni 1871:

§ 1 übereinstimmend mit § 1 des preußischen Ausführungsgesetzes.

Waldeck.
Ausführungsgesetz zum Reichsgesetz über den Unterstützungswohnsitz vom 29. Juni 1871:

§ 1 übereinstimmend mit § 1 Abs. 1 und 2 des preußischen Ausführungsgesetzes.

Allgemeine Armenordnung vom 11. Mai 1863:

§ 23. Arme, welche die ihnen dargebotene Gelegenheit zu Arbeiten, welche ihren Kräften und sonstigen Verhältnissen angemessen sind, verschmähen, sind der ferneren Unterstützung für unwürdig zu erklären und geeigneten Falles als der Arbeitsscheu verdächtig der Polizeibehörde zu weiterer Verfügung zu überweisen.

Reuß ält. Linie.
Gesetz vom 1. Juli 1878:

§ 1 Abs. 1 und 2 übereinstimmend mit § 1 des preußischen Ausführungsgesetzes.

Reuß jüng. Linie.
Gesetz vom 21. Juni 1871:

§ 1 übereinstimmend mit § 1 des preußischen Ausführungsgesetzes.

Schaumburg-Lippe.
Ausführungsgesetz zum Reichsgesetz über den Unterstützungswohnsitz vom 7. März 1872:

§ 1 übereinstimmend mit § 1 des preußischen Ausführungsgesetzes.

Lippe.
Ausführungsgesetz zum Reichsgesetz über den Unterstützungswohnsitz vom 12. September 1877:

§ 1 übereinstimmend mit § 1 des preußischen Ausführungsgesetzes.

Lübeck.
Armenordnung von 1846:

Wer die Unterstützung der Armenanstalt anspricht, wird zuvörderst, wenn und soweit er arbeitsfähig ist, zur Arbeit angehalten.

Bremen.

Landesgesetzliche Vorschriften bestehen nicht, dagegen enthält die Geschäftsordnung der stadtbremischen Armenpflege folgende Bestimmungen:

§ 68. Um die Armenpfleger in den Stand zu setzen, jedem Unterstützung nachsuchenden, noch arbeitsfähigen Armen Mittel und Wege zum eigenen Erwerb anzuweisen, den nachlässigen und trägen Armen aber zur Arbeit nötigen zu können, besteht auf dem Arbeitshause eine Arbeitsanstalt für freiwillige Arbeiter, welche der speciellen Aufsicht und Verwaltung eines Vorstandsmitgliedes übergeben ist.

§ 69. Für die freiwilligen Arbeiter der Arbeitsanstalt gelten die folgenden Bestimmungen:
1. Der Arbeiter verpflichtet sich zu genauer Befolgung der Hausordnung und der ihm zu erteilenden speciellen Weisungen;

2. es steht dem Arbeiter zu jeder Zeit frei, wenn er auswärts mehr zu verdienen Gelegenheit hat, die ihm angewiesene Arbeit wiederum aufzugeben, doch verzichtet er während dieser Zeit auf etwaige Unterstützung;
3. wer ohne vorgängige Anzeige von der Arbeit wegbleibt, wird von der Liste gestrichen und bedarf, um wieder einzutreten, einer neuen Aufnahme;
4. die freiwilligen Arbeiter erhalten wöchentlich ihren verdienten Lohn ausbezahlt;
5. um einen zu überhäuften Andrang von Arbeitern und eine Steigerung des Arbeitslohnes zum Nachteil des Publikums zu verhüten, wird der Arbeitslohn auf der Arbeitsanstalt so reguliert, daß er niedriger als der gewöhnliche Tagelohn für Arbeiter ist;
6. stellt sich auch bei untadelhaftem Fleiße des Arbeiters der Arbeitslohn zu gering, um demselben den notdürftigen Unterhalt zu gewähren, so erhält der Arbeiter das daran Fehlende als Unterstützung.

§ 71. An Stelle einer sonstigen Unterstützung kann einem Armen Arbeit unter den freiwilligen Arbeitern angewiesen werden. Weigert er sich, diese Arbeit zu leisten, so verzichtet er damit auf sonstige Unterstützung.

Hamburg.
Gesetz, betreffend das Armenwesen, vom 18. Mai 1892:

§ 13. Der arbeitsfähige Arme ist verpflichtet, die ihm angewiesene, seinen Kräften angemessene Arbeit zu verrichten.

Bayern.
Gesetz, die öffentliche Armen- und Krankenpflege betreffend, vom 29. April 1869 / 3. Februar 1888:

Art. 6 Abs. 2. Wer öffentliche Unterstützung genießt, ist verpflichtet, sich nach Anordnung der Organe der öffentlichen Armenpflege zu einer seinen Kräften angemessenen Arbeit innerhalb oder außerhalb einer Beschäftigungsanstalt verwenden zu lassen.

Anlage 2 a.

Hamburg, den 28. Februar 1899.

An
die Armen-............................
zu............................

Der Centralausschuß des Deutschen Vereins für Armenpflege und Wohlthätigkeit hat beschlossen, das Thema:
„Arbeitseinrichtungen für Zwecke der offenen Armenpflege"
auf die Tagesordnung der diesjährigen Jahresversammlung zu setzen.

Ich bin ersucht worden, das Referat über diesen Gegenstand zu übernehmen, und gestatte mir, behufs näherer Information über die vorhandenen Einrichtungen um Ausfüllung des angeschlossenen Fragebogens ergebenst zu ersuchen.

Meine Bitte um Auskunft erstreckt sich in erster Linie auf diejenigen Einrichtungen, welche etwa getroffen sind, um den Rechtsanspruch des Armenverbandes, von dem arbeitsfähigen Unterstützten als Äquivalent für die gewährte Unterstützung eine Arbeitsleistung zu verlangen, bezüglich der **in offener Pflege unterstützten Personen** zu realisieren. Die der geschlossenen Armenpflege dienenden Anstalten interessieren daher nur insoweit, als daselbst auch solchen Unterstützten, welche **nicht** Anstaltspfleglinge sind, Arbeitsgelegenheit geboten wird.

Besonderen Wert lege ich ferner darauf, über die von den Armenverwaltungen in Bezug auf § 361 Nr. 7 des Strafgesetzbuches gemachten Erfahrungen möglichst eingehend unterrichtet zu werden, da sich diese Strafbestimmung möglicherweise in weitergehenderem Umfang als bisher im Interesse der Armenpflege ausnutzen ließe, um arbeitsscheue Unterstützungsempfänger, insbesondere solche, die in der Person ihrer Familienangehörigen unterstützt werden müssen, zu geregelter Thätigkeit anzuhalten und geeigneten Falls ihre Unterbringung im Arbeitshause **im Wege des gerichtlichen Strafverfahrens** herbeizuführen.

Endlich beabsichtige ich, auch diejenigen Einrichtungen mit in den Kreis der Erörterung zu ziehen, welche dazu dienen sollen, Hilfesuchende durch Verschaffung von Arbeit **von der öffentlichen Armenpflege fernzuhalten**, sei es, daß die Armenverwaltung den betreffenden Personen direkt Arbeit verschafft, sei es, daß sie sich zu diesem Zwecke der Vermittelung anderer Behörden oder des Arbeitsnachweises bedient. Bei der Vielgestaltigkeit derjenigen Bestrebungen, welche auf Beseitigung der Hilfsbedürftigkeit durch Arbeitsverschaffung gerichtet sind, liegt die Möglichkeit nahe, daß der beifolgende Fragebogen sich nicht auf sämtliche vorhandenen Einrichtungen erstreckt. Für diesen Fall bitte ich, die Auskunft, über den Rahmen des Fragebogens hinaus, auch auf die etwa nicht berücksichtigten Einrichtungen ausdehnen zu wollen.

Indem ich nicht verfehle, für die mit der Ausfüllung des Fragebogens verbundene Mühewaltung im Voraus meinen besten Dank auszusprechen, bitte ich höflichst, den ausgefüllten Fragebogen unter Beifügung etwaigen weitergehenden Materials bis zum 1. April d. J. an mich zurücksenden zu wollen, da der schriftliche Bericht bis zum 1. Juli d. J. druckfertig vorliegen muß.

Hochachtungsvoll

Dr. **Buehl**,
Direktor des öffentlichen Armenwesens,
Raboisen 66.

Anlage 2 b.

Fragebogen.

1. Sind Einrichtungen getroffen, um Personen, welche in offener Armenpflege unterstützt werden, zur Arbeit anzuhalten?

2. Liegen diesen Veranstaltungen besondere gesetzliche oder ortsstatutarische Vorschriften zu Grunde, durch welche Arme ausdrücklich zur Arbeitsleistung verpflichtet werden, und wie lauten evtl. diese Bestimmungen?

3. Werden nur Familienhäupter oder auch Mitunterstützte beschäftigt? Wie groß ist die Zahl der arbeitenden Personen und der Arbeitstage pro Jahr?

4. Von welcher Art ist die zu leistende Arbeit? Erstreckt sich die Beschäftigung auf das ganze Jahr oder beschränkt sie sich auf gewisse Zeiten?

5. Wird nur für städtische (staatliche) Betriebe oder auch für Privatpersonen (Unternehmer) gearbeitet und ist stets genügend Arbeit vorhanden?

6. Wird unter allen Umständen die gesamte Arbeitskraft der unterstützten Partei in Anspruch genommen oder ist die verlangte Arbeitsleistung je nach der Höhe der Unterstützung verschieden bemessen?
Ist ein Arbeitspensum (Mindestleistung) vorgeschrieben?
Welches Verfahren greift Platz, wenn der Wert der Arbeitsleistung die gewährte Unterstützung übersteigt?

7. Wird, falls der Unterstützte die Arbeitsleistung verweigert, der § 361 Nr. 7 des Strafgesetzbuchs gegen ihn zur Anwendung gebracht?

Arbeitseinrichtungen für Zwecke der offenen Armenpflege. (Anhang.) 55

Welche Behörde ist zur Anweisung der Arbeit zuständig?

Was geschieht, um den Beweis für die Arbeitsfähigkeit bezw. Arbeitsscheu des Hilfsbedürftigen zu sichern?

8. Welche Erfahrungen sind in Bezug auf § 361 Nr. 7 des Strafgesetzbuches gemacht? (Gerichtliche Entscheidungen von Belang bitte ich evtl. in Abschrift beizufügen.)

9. Gewährt die Armenverwaltung Hilfsbedürftigen Beschäftigung, um dieselben von der öffentlichen Armenpflege fernzuhalten?

10. Bestehen diesbezügliche Abmachungen mit anderen Behörden oder mit Arbeitsnachweisen?

Anlage 3.   Aachen.

Bescheinigung

für den durch die Armen-Verwaltung der Allgemeinen Arbeitsnachweis-Anstalt überwiesenen .... -Straße Nr. .... wohnhaft.

Datum der ersten Meldung.			Datum der Nachfragen.			Datum des Eintritts in ein Arbeitsverhältnis.			Bemerkungen.
Jahr	Monat	Tag	Jahr	Monat	Tag	Jahr	Monat	Tag	

Anlage 4. Hamburg.

Bezirk: ....

Der ....
wohnhaft ....
wird zur Erlangung von Arbeit an den Arbeits=
Nachweis ....
....
verwiesen.

Hamburg, ...

....
Bezirksvorsteher. Armenpfleger.

Rückseite.

.... hat sich gemeldet am ....
Demselben ist Arbeit nachgewiesen am ....
bei ....
....

Anlage 5. Aachen.

Diese Bescheinigung ist werktäglich zwischen 9 und 10 Uhr vormittags im Bureau der Armen=Verwaltung, Zimmer Nr. 3, vorzulegen.

Bescheinigung

für den durch die Armen=Verwaltung unterstützten arbeitslosen ....
.... =Straße Nr. .... wohnhaft.

Datum der erften Meldung.			Datum der Nachfragen.			Datum des Eintrittes in ein Arbeitsverhältnis.			Nr. der Lifte.	Bemerkungen.
Jahr	Monat	Tag	Jahr	Monat	Tag	Jahr	Monat	Tag		

Anlage 6.

Geschehen beim Armen-Amt

Frankfurt a. M., den .... 189....

Erscheint ....

................-Straße Nr........, geb. .... zu ....
in Frankfurt wohnhaft seit ...., verheiratet, Vater von .... Kindern, derzeit in Armenunterstützung mit ...., zuletzt in Armenunterstützung ....
noch nicht in Armenunterstützung gewesen ....
von Beruf ...., zuletzt in Arbeit bei ....
bis .... und erklärt:

„Ich bin derzeit mittellos und beantrage, mich zu unterstützen."

Dem .... wird hierauf eröffnet, daß er durch Anweisung einer seinen Kräften angemessenen Arbeit unterstützt werden solle.

Zugleich wird ihm eröffnet, daß diese Unterstützung lediglich in folgender Form gewährt werde:

1. Den Anweisungen der mit Beaufsichtigung der Arbeiten beauftragten Aufseher ist sofort und unweigerlich Folge zu leisten.

2. Die Dauer der Gewährung der Unterstützung, bezw. der Zulassung zur Arbeit hängt lediglich vom Ermessen des Amtes ab.

3. Ebenso hängt lediglich vom Ermessen des Amtes ab, ob die zugewiesene Arbeit stundenweise oder nach Maßgabe der Arbeitsleistung (im Accord) bezahlt wird, und ob der Arbeitsverdienst ganz ausbezahlt oder teilweise zur Deckung der bereits empfangenen bezw. seinen Angehörigen gewährten Unterstützungen zurückbehalten und verrechnet wird.

4. Das Arbeitsgerät ist Eigentum des Amtes; Wegnahme desselben wird als Diebstahl oder Unterschlagung verfolgt.

5. Die Unterstützung durch Arbeitsgewährung wird nur unter der Voraussetzung gewährt, daß der Unterstützte sich sobald als möglich selbst anderweite Arbeit ausfindig mache; sie wird sofort eingestellt, sowie derselbe dieser Verpflichtung nicht nachkommt.

v. u. g.

....

Beschluß.

1. .... ist unter den oben angeführten Bedingungen vorläufig auf .... Tage und zwar vom .... bis ....

mit ....
....
zu beschäftigen.

Die Arbeit soll stundenweise — im Accord — bezahlt werden, bei einer Beschäftigungsdauer von höchstens .... Stunden täglich. Es sind ihm .... per Tag auszuzahlen und der Rest seines Verdienstes zu verrechnen.

 2. Eintrag in die Arbeits-Kontroll-Liste.
 3. Nachricht an den Distrikts-Vorsteher.
 4. Ausfertigung des Protokolls samt Beschluß an die Verwaltung des Armenhauses.

Dieselbe hat, falls der Antragsteller den Antrag auf Verlängerung der Arbeitszuweisung stellt, sich nach der ihr zugestellten Ausfertigung über sein Verhalten bei der Arbeit zu äußern.

 Frankfurt a. M., den .... 189......

   Armen-Amt.

Anlage 7.

Regulativ,
betreffend die Beschäftigung von Arbeitslosen und erwerbsbeschränkten Personen in der Stadt Offenbach.

In Ausführung des Art. 1 des hessischen Ausführungsgesetzes zum Unterstützungswohnsitzgesetz vom 14. Juli 1871 und § 1 und 2 der Instruktion für die Bezirksvorsteher und Armenpfleger vom 19. Dezember 1872 wird für die Stadt Offenbach das Folgende bestimmt:

§ 1. Gesuche arbeitsfähiger, aber zeitweise arbeitsloser sowie erwerbsbeschränkter Personen um vorübergehende oder dauernde Beschäftigung bei der Stadt sind bei dem Bauamt anzubringen.

§ 2. Bei Stellung des Gesuchs ist der Nachweis zu erbringen, daß Gesuchsteller in Offenbach unterstützungswohnsitzberechtigt und arbeitslos ist. Wird dieser Nachweis nicht erbracht, so kann das Bauamt die Personalverhältnisse auf vorgeschriebenem Formular feststellen und ermitteln lassen, ob die betreffende Person den Unterstützungswohnsitz in Offenbach hat, sowie welche Gründe das Gesuch veranlassen.

§ 3. Eine Beschäftigung von Personen, die den Unterstützungswohnsitz in Offenbach nicht haben, darf aus den für die Beschäftigung Arbeitsloser vorgesehenen 30 000 Mk. nicht angeordnet werden. Auf die 30 000 Mk. dürfen Arbeiten, welche als voranschlagsmäßige anzusehen sind, nicht berechnet werden.

§ 4. Das Stadtbauamt wird zunächst die Arbeitsfähigkeit und -Eigenschaft der Eingestellten ermitteln und dieselben ihren Kräften entsprechend beschäftigen.

§ 5. Den Eingestellten werden folgende Löhne bis auf weiteres gewährt: 1. den großjährigen Arbeitsfähigen, jedoch zeitweise Arbeitslosen, welche für die ihnen vom Bauamt zuzuweisenden Arbeiten geeignet sind, pro Stunde nicht unter 22 Pf.; 2. denjenigen, welche für die ihnen zugewiesenen Arbeiten nur mangelhaft geeignet sind, den Minderjährigen sowie den Erwerbsbeschränkten je nach der in Gemäßheit des § 4 erfolgten Einschätzung nach Maßgabe ihrer Leistungen pro Stunde 20, 18, 16 und 14 Pf. Minderjährige, sowie vollständig arbeitsfähige ledige Personen sollen nur in besonders dringenden Fällen Berücksichtigung finden.

§ 6. Beträgt der Wert der Leistungen weniger als 14 Pf. pro Stunde, so hat das Bauamt mit Begründung der Deputation für das Armenwesen hiervon Kenntnis zu geben, welche hiernach Barunterstützung eintreten lassen kann.

§ 7. Gegen die Einschätzung in Lohnklassen gemäß § 5 Pos. 2 und § 6 steht der betreffenden Person das Beschwerderecht an den Bauausschuß zu, welcher endgültig entscheidet.

§ 8. Die Anstellung von Arbeitern, welche das Bauamt für seine regelmäßigen Arbeiten benötigt, wird durch diese Bestimmungen nicht berührt.

Großherzogliche Bürgermeisterei.

Genehmigt durch die Stadtverordnetenversammlung am 10. Mai 1899.

Anlage 8.

Verhandelt

Breslau, den .... 18.......

Auf Vorladung erscheint der ....

....

Demselben wurde eröffnet:

daß die Armendirektion seine Einstellung in die Armenkehrkolonne beschlossen habe.

p. .... erhielt hierauf eine schriftliche Anweisung, sich bei dem Aufseher Scholz im städtischen Armenhause Schuhbrücke Nr. 1 zu melden und die ihm von diesem angewiesene Arbeit zu übernehmen.

Hierbei wurde p. .... davon verständigt, daß mit ihm hierdurch keineswegs ein Arbeitsvertrag geschlossen werde, daß deshalb die von ihm zu leistende Arbeit auch keinerlei Anrecht auf eine bestimmte Vergütung für dieselbe gebe. Die Armenverwaltung mache vielmehr von dem ihr gemäß § 1 Abs. 2 des Gesetzes vom 8. März 1871 zustehenden Rechte Gebrauch, ihm Armenunterstützung in Gestalt von Arbeit zu gewähren.

Die Verwaltung behalte sich daher vor, nach ihrem freien Ermessen nach Maßgabe seiner Leistungen, sowie seiner und seiner Familie unabweislichen Bedürfnisse zu bestimmen, welcher Geldbetrag ihm für die Arbeit auszuzahlen sei, sie behalte sich ferner vor, die ausgesetzten Beträge nicht an ihn direkt, sondern an dritte Personen zu zahlen, auch statt baren Geldes Naturalien, Armenhauskost und Aufenthalt und dergleichen zu gewähren.

Es wurde ihm ferner eröffnet, daß, da seine Familie bisher bereits laufende Armenunterstützung bezogen habe, er außerdem verpflichtet sei, die ihm von der Verwaltung anzuweisende Arbeit fleißig und pünktlich zu leisten, damit er auch die seiner Familie gewährte Unterstützung durch seine Leistungen der Armendirektion teilweis wieder ersetze.

Sollte er daher die Arbeit nicht fleißig verrichten oder sich durch Trunkenheit, Widersetzlichkeit gegen den Aufseher und andere Ungebühr thatsächlich derselben entziehen, so mache er sich nach § 361 Abs. 7 des R.-Str.-G.-B. strafbar und würde das Strafverfahren gegen ihn eingeleitet werden.

p. .... erklärte, die Eröffnung wohlverstanden zu haben, acceptierte die Arbeitsanweisung nach Maßgabe derselben und gelobte, sich nüchtern und anständig zu betragen, fleißig zu arbeiten und allen Anordnungen des Aufsehers willig Folge zu leisten.

   V.   g.   u.
   v.   w.   o.

Anlage 9.   Lübeck.

  Bezirk N.

Dem
wohnhaft
alt
ist auf sein Ansuchen die Aufnahme in das freiwillige Arbeitshaus bewilligt.

  Lübeck, den

            Bezirkspfleger.

Arbeitseinrichtungen für Zwecke der offenen Armenpflege. (Anhang). 61

Anlage 10. Lübeck.

Bezirk N.

Der
wohnhaft
alt
ist, da er aus öffentlichen Armenmitteln anderweitig unterstützt wird, angewiesen, im freiwilligen Arbeitshause zu arbeiten.

Lübeck, den

Bezirkspfleger.

Anlage 11.

Armen-Verwaltung der Stadt Colmar.
Arbeits-Bestimmungen
für
die von der Armen-Verwaltung beschäftigten Arbeitslosen.

Die Arbeiter werden in folgende Abteilungen eingeteilt:

I. Abteilung:
Neu-Eingetretene, welche die Arbeit erst erlernen müssen.

Lohn:
a. für junge Leute bis zu 18 Jahren . . . 0,80 Mk. täglich.
b. für ledige Arbeiter über 18 Jahren . . 1,— = =
c. für Familienväter . . . . 1,30 = =

Mindestleistung 0,10—0,15 cbm täglich.

II. Abteilung:
Arbeitsgruppe junger Leute bis zu 18 Jahren.

Lohn:
a. für ledige Arbeiter . . . . 1,10 Mk. täglich.
b. für Familienväter . . . . 1,40 = =

Mindestleistung 0,25 cbm täglich.

III. Abteilung:
Arbeitsgruppe erwachsener vollwertiger Arbeiter.

Lohn:
a. für ledige Arbeiter . . . . 1,30 Mk. täglich.
b. für Familienväter . . . . 1,60 = =

Mindestleistung 0,40 cbm täglich.
Überarbeit wird à 2,40 Mk. pro cbm besonders bezahlt.

IV. Abteilung:
Arbeitsgruppe minderwertiger Arbeiter (ältere Leute, schwächlichere Gewerbetreibende).

Lohn:
a. für ledige Arbeiter . . . . 1,10 Mk. täglich.
b. für Familienväter . . . . 1,40 = =

Mindestleistung 0,20 cbm täglich.

V. Abteilung:
Tagelöhner.

Lohn: { a. für ledige Arbeiter . . . . 1,20 Mk. täglich.
{ b. für Familienväter . . . . 1,40 =   =

VI. Abteilung:
Arbeitsgruppe der Steinklopfer von Beruf.
Diese Arbeiter erhalten pro cbm 2,80 Mk. bezahlt.
Mindestleistung 1,00 cbm täglich.

1. Diejenigen Arbeiter, welche die verlangten Mindestleistungen nicht verrichten, können nicht weiter beschäftigt werden.

2. Die Arbeitsstunden sind von 8—11½ Uhr vormittags und 1—5 Uhr nachmittags; dieselben müssen pünktlich eingehalten werden. Wer von der Arbeit ausstehen will, hat dies dem Aufseher mitzuteilen.

3. Die Löhnung findet jeden Samstag Nachmittag statt. Lohnstreitigkeiten werden vom Armenamte nach Anhörung eines Arbeiterausschusses entschieden.

4. Die Arbeiter sind gehalten, jede andere ihnen angetragene entsprechend bezahlte Arbeit sofort anzunehmen. Im Weigerungsfalle muß ihre Entlassung erfolgen.

Nach Verrichtung solcher Arbeiten kann die Arbeit beim Armenamte ohne Verzug wieder aufgenommen werden.

5. Den Anordnungen des Aufsehers ist unbedingt Folge zu leisten. Beschwerden gegen diese Anordnungen sind beim Armenamte anzubringen, welches im Einvernehmen mit dem Arbeiterausschuß Entscheidung treffen wird.

Colmar, im Dezember 1898.

Der Armenrat.

Anlage 12.   Eisenach.

Hierdurch wird Ihnen als Empfänger öffentlicher Almosen gemäß § 361[7] des Reichsstrafgesetzbuches für den Monat   Arbeit auf   Tage angewiesen.

Sie werden daher aufgefordert, sich dieserhalb am

Montag, den   ten   d. J., vormittags   Uhr bei dem Hausvater des städtischen Armenasyls, Neustadt 19 hierselbst, einzufinden.

Eisenach, den ......ten .... 189........

Der Vorstand der Residenzstadt.

Beaufsichtigung der in Familienpflege untergebrachten Kinder.

Vom

Berichterstatter: Waisenhausdirektor **Stalmann**
in Hamburg.

---

1. Bei der Unterbringung von Kindern durch die Armen- oder Waisenpflege kann und darf es sich nicht lediglich um die Beschaffung und Erhaltung der notwendigsten äußeren Lebensbedingungen wie Nahrung, Obdach, Kleidung und Gesundheitspflege handeln, sondern im Interesse sowohl der Unmündigen selbst, als derjenigen politischen Gemeinschaft, welcher die Unterbringung obliegt, ist auch auf eine sorgfältige Erziehung der in Frage kommenden jugendlichen Personen besonders Bedacht zu nehmen.

Daß die Unterbringung in Familienpflege auch für die der öffentlichen Fürsorge anheimgefallenen Kinder die naturgemäße und daher in den meisten Fällen anzuwenden ist, darf als ziemlich allgemein anerkannte Wahrheit vorangestellt werden. Damit ist indessen keineswegs den Erziehungsanstalten für solche Kinder die Existenzberechtigung abgesprochen. Vielmehr muß als Ergänzung der Familienpflege wenigstens für größere Verbände das Vorhandensein einer gut eingerichteten Anstalt gefordert werden. In ihr sind die Kinder unterzubringen und zu beobachten, bis die für sie geeignete Familie gefunden ist; in dieselbe sind aber auch solche Kinder unter Umständen auf längere Dauer zurückzunehmen, für welche aus irgend einem Grunde — etwa wegen körperlicher Gebrechen oder stark hervortretender geistiger oder sittlicher Mängel — die Familienpflege als unzureichend sich herausgestellt hat. Solche Anstalt darf aber weder einem Taubenschlag gleich nur durchgehenden oder kurze Zeit verweilenden Gästen Aufenthalt gewähren, noch auch der Hauptsache nach eine Ansammlung körperlicher, geistiger oder sittlicher Krüppel darstellen, sondern eine Mehrzahl längere Zeit bleibender normaler schulpflichtiger Kinder muß den Stamm der Anstaltsbevölkerung bilden, um die nur durchgehenden und die abnormen Elemente vorbildlich anregend und in gesunder Weise miterziehend beeinflussen zu können. Nicht ein „Depot", dessen bunt gemischtes Publikum wie auf Wartegeld gesetzt sich vorkommen muß, sondern ein lebendiger Organismus soll eine derartige Anstalt sein, deren einzelne Glieder alsbald nach ihrem Eintritt und auch, wenn sie nur kurze Zeit ihr angehören, sich fühlen als notwendige Mithelfer an gemeinsam zu leistender wertvoller Arbeit und als berechtigte Teilnehmer an gemeinschaftlicher Freude und Erholung.

Aber auch die besteingerichtete Anstalt — und selbst wenn in ihr das Familien- oder Cottagesystem streng zur Durchführung gelangt ist, kann nicht ersetzen, was die natürliche Familie dem heranwachsenden Menschen bietet. Diese ist und bleibt daher der gesundeste Boden auch für die Pflege und Erziehung der Armen- und Waisenkostkinder. Freilich ist es damit noch nicht gethan, daß ein solches Kind eben nur einer Familie — etwa gar derjenigen, welche die geringste Vergütung gefordert hat — überwiesen werde. Nicht jede Familie eignet sich zur Aufnahme und Erziehung fremder Kinder, und nicht jedes Kind paßt für jede an sich noch so treffliche Familie. Es bedarf einer verständigen und sorgfältigen Auswahl unter gleichmäßiger Berücksichtigung der Eigenart des Kindes und der besonderen Verhältnisse der in Frage kommenden Familie und erfordert eine fortgesetzte verständnisvolle Überwachung der schließlich gewählten Pflegestelle, um zu prüfen, ob das in den fremden Boden verpflanzte Reislein auch wirklich wächst und gedeiht.

2. Die Auswahl und Beaufsichtigung der Pflegefamilien ist selbstverständlich in erster Linie Sache derjenigen Männer, welche als Mitglieder der Armen- oder Waisenverwaltung mit der Fürsorge für die der öffentlichen Pflege anheimgefallenen Unmündigen betraut sind, und welche, da sie den Kindern die Eltern ersetzen sollen, in Bezug auf diese Kinder in möglichst weitem Umfange die Pflichten und Rechte gesetzlicher Vormünder oder Pfleger haben, oder doch haben sollten. Indessen nur in kleinen Gemeinwesen werden sie allein die nötigen Obliegenheiten wahrnehmen können, in größeren Verbänden und zumal in großen Stadtgemeinden werden sie einer mehr oder weniger großen Zahl von Hilfsorganen — in der Person von Waisenpflegern oder dergleichen nicht zu entbehren vermögen und dann selbst nur die Ziele, Grundsätze und Richtlinien für die Pflegearbeit aufstellen, die endgültigen Entscheidungen treffen, kurz die Oberleitung des ganzen Werkes ausüben. Die regelmäßige unmittelbare Beaufsichtigung dagegen, der direkte Verkehr mit den Pfleglingen und deren Pflegeeltern wird vorwiegend den Hilfsorganen, ehrenamtlichen Waisenpflegern, Waisenvätern oder dergleichen zufallen, während die Oberleitung durch außerordentliche Besuche seitens einzelner Mitglieder, oder durch Entsendung eines besonderen Aufsichtsbeamten sowie namentlich durch die regelmäßigen Berichte der Hilfsorgane sich Bekanntschaft mit den einzelnen Pflegestellen verschaffen und erhalten wird.

Für das Amt eines Pflegers ist eine gebildete, thunlichst unabhängige, mit den Verhältnissen der Gemeinde oder des Bezirks vertraute, warmherzige und dabei unparteiische, mit pädagogischer Begabung und pädagogischem Takte ausgerüstete Persönlichkeit erforderlich, welche den Pfleglingen aufrichtiges verständnisvolles Interesse entgegenbringt und ihr Vertrauen zu gewinnen und zu erhalten versteht, sowie auch im stande ist, die Pflegeeltern zu vernünftiger Erziehung der Kinder anzuleiten, und die Kinder gegen etwaige verkehrte Maßnahmen zu schützen. In den Städten wird man ohne erhebliche Schwierigkeiten aus den verschiedenen Lebens= und Berufskreisen die geeigneten Persönlichkeiten finden, auf dem Lande dagegen wird man auf die Prediger oder älteren Lehrer, welche durch längere erfolgreiche Berufsthätigkeit in einer Gemeinde sich die Achtung und das Vertrauen der Gemeindeglieder erworben haben, angewiesen sein. Aber die Männer allein thuns auch nicht. Wo es sich um die Pflege von Säuglingen und kleineren Kindern, oder um die Erziehung von Mädchen handelt, ist auch zur Beaufsichtigung der Pflege= und Erziehungsarbeit das Auge einer Mutter unentbehrlich, das übrigens auch für die heranwachsenden Knaben von großem Segen ist. Soweit es daher irgend zu ermöglichen ist, sollte man danach streben, auch die **Ehefrauen** der Pfleger zur Beaufsichtigung — namentlich in den angegebenen Fällen — mit heranzuziehen, oder aber eine andere geeignete Frau als Gehilfin ihnen zuzuweisen.

Daß in allen Fällen den Aufsichtsorganen **ärztliche Hilfe** ungehindert zur Verfügung stehen muß, ist eine unabweisbare Forderung. Dagegen sollte man in der Regel davon absehen, Ärzte mit dem Amte eines Pflegers zu betrauen. Die meisten derselben sind durch ihre Berufsthätigkeit so sehr in Anspruch genommen, daß man ihnen kaum zumuten kann, neben der Sorge für die Gesundheitspflege auch noch die andere für die Pflege und Erziehung der Waisen= oder Armenkostkinder als wichtig in Betracht kommende Obliegenheiten Zeit und Interesse zuzuwenden.

Was die rechtliche Stellung der Hilfsorgane betrifft, so wird man sie anzusehen haben als die Beauftragten und Vertreter der betreffenden Armen= oder Waisenverwaltung in Ausübung der Pflichten und Rechte in Bezug auf die ihnen unterstellten, in Familien untergebrachten Pfleglinge, über welche die betreffende Verwaltung die gesetzliche Vormundschaft oder Pflegschaft ausübt.

Wenn auch im allgemeinen die Pfleger als ehrenamtliche Organe zu gelten haben werden, so liegt es doch in der Billigkeit, ihnen, namentlich wenn sie nicht mit der Oberleitung im selben Orte wohnen, die durch Schreibwerk, Porto, Reisen u. s. w. nötig gewordenen Ausgaben zu vergüten. Dies geschieht z. B. in Berlin und Hamburg dadurch, daß ihnen für derartige Auslagen eine Pauschalsumme von 50 Pfennigen für jedes Kind und jeden Monat gewährt wird.

3. Von erheblicher Bedeutung für die Oberleitung und die Hilfsorgane und die wichtigste Vorbedingung für eine erfolgreiche Beaufsichtigung der in Familienpflege untergebrachten Kinder ist die **Auswahl der Familien**, welchen Kinder anvertraut werden sollen. — Wie müssen dieselben beschaffen sein?

In socialer Hinsicht zunächst werden solche Familien in der Regel nicht in Frage kommen, welche sich in Bezug auf ihre Bildung und ge=

samte Lebenshaltung bedeutend über diejenigen Bevölkerungsklassen erheben, denen die meisten der in öffentlicher Pflege befindlichen Kinder entstammen. Nur in seltenen Fällen, etwa wenn eine Adoption beabsichtigt wird, werden Eheleute aus gebildeten und wohlhabenden Familien sich entschließen, ein kleines, armes Waisenkind „ohne Anhang" aufzunehmen.

In der Regel aber wird und darf die Bildungsstufe der sich anbietenden Pflegeeltern diejenige der leiblichen Eltern nicht erheblich überragen. Eltern und Pfleglinge verstehen sich dann ohne besondere Schwierigkeiten, und ein Verhältnis gegenseitigen Vertrauens, die notwendige Grundlage aller erfolgreichen Erziehung, wird rascher und leichter angebahnt. Von den Pflegeeltern ist aber zu fordern, daß sie durch das Vorhandensein geordneter und auskömmlicher äußerer Lebensverhältnisse die Gewähr für angemessene leibliche Pflege und durch die sittliche Haltung des eigenen Familienlebens die Bürgschaft für gute sittliche Beeinflussung der ihnen anzuvertrauenden Kinder bieten.

Grundsätzlich sollten nur solche Pflegestellen ausgewählt werden, in denen Vater und Mutter am Leben sind, gesundes Familienleben vorhanden ist, ernster Sinn und gute Sitte herrscht, und die Eltern thunlichst durch wohlgeartete eigene Kinder, oder in anderer Weise, etwa durch die Art ihres Verkehrs mit dem Gesinde, darzuthun vermögen, daß sie zu einfacher, zweckmäßiger Erziehung geeignet erscheinen.

Auszuschließen als Pflegeeltern sind Almosenempfänger und solche unbemittelte Leute, die keinen geregelten Erwerb haben, sowie diejenigen Personen, bei welchen der Verdacht nahe liegt, daß sie es lediglich auf die Ausnutzung der Pfleglinge abgesehen haben, dieselben vorwiegend als Hilfe in ihrem eigenen Betriebe, ausschließlich zum Warten kleiner Kinder oder als Ersatz für einen Dienstboten u. s. w. verwenden wollen, und endlich solche, die nicht gewillt sind, den Kindern vollen Familienanschluß zu gewähren, indem sie dieselben etwa mit dem Gesinde wohnen, essen und schlafen lassen wollen.

Auch die religiösen und konfessionellen Verhältnisse sind insoweit zu berücksichtigen, daß die Kinder in der Regel nur bei Pflegeeltern ihrer Religion oder Konfession unterzubringen sind und thunlichst auch die betreffenden Aufsichtsorgane der gleichen Konfession angehören.

Neben diesen mehr allgemeinen Forderungen, welche in Bezug auf die Beschaffenheit der auszuwählenden Pflegefamilien zu stellen sind, verdienen im einzelnen Falle die persönlichen Verhältnisse des unterzubringenden Pfleglings, sein Alter und Geschlecht, seine körperliche und geistige Beschaffenheit, seine Charaktereigenschaften und sein bisheriges Verhalten, die Verhältnisse, aus denen er kommt, die verwandtschaftlichen oder gesellschaftlichen Beziehungen, in denen er steht oder gestanden hat, seine Gaben und Anlagen und berechtigten Wünsche für die Gestaltung seines ferneren Lebensweges, Fehler, die zu bekämpfen, Talente, die zu fördern sind, besonders sorgfältiger Beachtung.

Säuglinge sollen nur Müttern anvertraut werden, die Erfahrung in der Pflege kleiner Kinder besitzen. Sie werden häufig auch bei Witwen gut aufgehoben sein. Vor allen Dingen sollen sie da untergebracht werden, wo ärztliche Hilfe ohne erhebliche Schwierigkeit jederzeit zu haben ist. Schwächliche und kränkliche Kinder wird man in gesunde ländliche Gegend, wenn möglich an die Seeküste verpflanzen, **Knaben müssen unter allen Umständen unter männliche Leitung und Zucht gestellt**, **Mädchen dürfen nicht in nur männlicher Umgebung untergebracht werden**; für **geistig Begabte** ist ein Ort zu wählen, in welchem gute Schulverhältnisse eine tüchtige Ausbildung erwarten lassen, und eine Familie, welche dafür Verständnis und Interesse hat; **sittlich gefährdete** oder schon etwas verwahrloste Kinder sind in möglichst einfache, aber gesunde Verhältnisse zu verpflanzen, thunlichst in Familien, in welchen sie entweder allein erzogen werden, oder in denen die älteren Kinder der Pflegeeltern durch ihr Vorbild bessernden Einfluß auf den Pflegling auszuüben vermögen, ohne von diesen sich selbst zum Schlechten verleiten zu lassen.

Wo aber wird man die geeigneten Familien suchen? Soll man sich auf den **Wohnort der Pfleglinge** beschränken, oder soll man auch, oder vielleicht gar vorwiegend sich nach **auswärts wohnenden Familien** umsehen? Ersteres erscheint ohne Frage naturgemäß und wird als die Regel aufzustellen sein, wo es sich um einfache, übersichtliche Verhältnisse des Ortes und um Kinder handelt, die etwa infolge der Erkrankung oder des Todes beider Eltern der öffentlichen Fürsorge anheimgefallen sind.

Aber in **großen Städten** stellen sich der Befolgung dieser Regel große Hindernisse entgegen. Schon die räumliche Beschränktheit der Wohnungen in denjenigen Bevölkerungskreisen, die am ersten bereit sein würden, ein Armen= oder Waisenkind bei sich aufzunehmen, erschwert die Beschaffung der nötigen Anzahl von Pflegestellen für Kinder jeden Alters ganz außerordentlich. Für Säuglinge wird man sie noch am ersten finden, für größere Kinder nur in geringerem Maße, wenn die oben dargelegten Anforderungen an die Beschaffenheit der Pflegefamilien gewissenhaft durchgeführt werden sollen. Namentlich ist es schwer, in der Großstadt für die heranwachsenden Pfleglinge die durchaus nötige **angemessene Beschäftigung** zu beschaffen, um sie vor dem in der Stadt besonders gefährlichen Müßiggang zu bewahren.

Dazu kommt aber noch ein anderer Umstand. Es darf als ein überall von der Armenpflege anerkannter und befolgter Grundsatz bezeichnet werden, daß Kinder, die bei ihren Eltern sich befinden, in der Regel nicht der öffentlichen Pflege überwiesen werden sollen. Soweit die Eltern, beziehungsweise die Mutter zur Unterhaltung ihrer Kinder nicht, oder nicht vollständig imstande sind, soll ihnen für sich und ihre Kinder eine Unterstützung in offener Pflege gewährt werden. Wenn aber trotzdem, z. B. in Hamburg im Anfang dieses Jahres — und ähnlich in früheren Jahren — von den in öffentlicher Pflege befindlichen 3617 Kindern im Alter von 1—14 Jahren neben 19 % Vollwaisen und 39,9 % Halbwaisen noch 46,1 % (= 1676) im Besitze der Eltern, d. h. 21,4 % eheliche Kinder im Besitze beider Eltern und 24,7 % uneheliche Kinder im Besitze der unehelichen Mutter waren, so liegt — abgesehen von den verhältnismäßig seltenen Fällen, daß beide Eltern durch Krankheit an der Ausübung ihrer

Elternpflicht gehindert waren — der Grund entweder in den durch eigenes Verschulden zerrütteten persönlichen oder häuslichen Verhältnissen der Eltern oder eines Elternteils, oder in der für diese Kinder hilfsbedürftiger Eltern zu tage getretenen Gefahr sittlicher Verwahrlosung. Ist aber der Vater ein arbeitscheuer Trunkenbold oder die Mutter der Liederlichkeit ergeben, oder ist durch Verbrechen der Eltern oder eines Elternteils das Familienleben zerstört, ist den größeren Kindern im eigenen Elternhause schweres sittliches Ärgernis gegeben, und sind sie selbst — in der bisherigen Umgebung der Gefahr der Verwahrlosung ausgesetzt — um vor weiterem sittlichen Verfall geschützt zu werden, der öffentlichen Pflege überwiesen, so ist für solche Kinder die Unterbringung in einem wirtschaftlich geordneten und sittlich gesunden Familienleben möglichst fern von dem bisherigen Wohnorte, am besten in einfacher ländlicher Umgebung, eine unschätzbare Wohlthat und vielleicht das einzige Mittel, sie vor frühzeitigem Untergang zu bewahren.

Mit dieser zunächst durch die besonderen Umstände der einzelnen Fälle nahegelegten Unterbringung der Kinder außerhalb des Stadtgebietes ist der betreffenden Verwaltung mit ihren Hilfsorganen zugleich Gelegenheit geboten, an der Lösung der socialpolitischen Aufgabe eines vernünftigen Ausgleichs zwischen Stadt- und Landbevölkerung in bescheidener Weise teilzunehmen. Von den Eltern der im Jahre 1898 der öffentlichen Pflege in Hamburg überwiesenen Kinder waren nur 18,3 % der ehelichen Väter, 21,8 % der ehelichen Mütter und 27 % der unehelichen Mütter in Hamburg selbst geboren, alle übrigen von auswärts zugezogen und alsbald in der Stadt verarmt. Es liegt zweifellos ebensosehr im Interesse der Stadtgemeinde wie der umliegenden ländlichen Distrikte, wenn der Versuch gemacht wird, die der öffentlichen Fürsorge anheimgefallenen Kinder der in der Stadt bald verarmten Eingewanderten in Verhältnisse zu verpflanzen, in denen ihnen die Möglichkeit geboten wird, sich zu leistungsfähigen und widerstandskräftigen Existenzen zu entwickeln.

Es mag schließlich auch daran erinnert werden, daß die weitere räumliche Ausdehnung des mit Pflegekindern zu besetzenden Gebiets die größere Wahrscheinlichkeit zur Folge hat, für die oben angedeuteten sehr verschiedenen Bedürfnisse eine größere Auswahl wirklich guter Pflegestellen zu finden.

Je weiter übrigens die Pfleglinge von ihrem Wohnsitz entfernt untergebracht sind, um so wichtiger wird die persönliche Mitwirkung der einzelnen Aufsichtsorgane. Je nach dem Alter der Kinder wird man einem Pfleger etwa 10 bis 30 Kinder zur Beaufsichtigung überweisen können, in der Regel nicht mehr als 1 oder 2 in einem Hause, etwaige Geschwister möglichst nahe bei einander.

Eine wesentliche Aufgabe des Pflegers ist es, durch fleißige Hausbesuche den Verkehr mit Eltern und Pflegekindern anzubahnen und rege zu erhalten und denselben so zu gestalten, daß er beiden nicht lediglich als der gestrenge Aufseher erscheint, sondern beide ein aufrichtiges Vertrauen zu ihm gewinnen. Um so erfolgreicher wird er dann den Eltern Anleitung und erforderlichenfalls thatkräftigen Beistand zu einer zweckmäßigen Erziehung gewähren, die Kinder gegen etwaige Mißgriffe der Eltern rechtzeitig schützen können. Die Eltern wird er gelegentlich warnen müssen, durch zu große Milde und Nachsicht, wozu das natürliche Mitgefühl gerade Armen- und Waisenkindern gegenüber leicht verleitet, besonders beim Beginn des Pflegeverhältnisses die zielbewußte Erziehung außer acht zu lassen, andererseits aber auch ermahnen, die Geduld nicht sogleich zu verlieren, wenn die Kinder, die vielleicht unter recht zerrütteten und traurigen Verhältnissen aufgewachsen sind, nicht sogleich an die neue Zucht und Ordnung sich gewöhnen können.

Sehr förderlich für eine baldige richtige Behandlung eines Kindes ist es, wenn die Oberleitung durch einen Personalbogen den Pfleger über die bisherige Entwicklung und besonderen Charaktereigenschaften des Kindes, sowie über Schwierigkeiten, welche etwa bei der Erziehung schon zu Tage getreten sind, unterrichtet. Der Pfleger hat dann seine weiteren Beobachtungen hinzuzufügen und bei etwaiger Versetzung des Kindes den Bogen an die Oberleitung zurückgelangen zu lassen.

Die Körperpflege, die Reinlichkeit des Leibes und der Kleidung bei den Kindern, wird der Pfleger sorgfältig zu überwachen haben, nicht minder aber die Wohnung der Pflegeeltern hinsichtlich der Ordnung und Sauberkeit, sowie der gehörigen Lüftung, namentlich auch der Schlafräume. Es ist zu fordern, daß jedem Kinde ein besonderes, nur von ihm zu benutzendes Bett gewährt werde, daß nicht größere Kinder verschiedenen Geschlechts in demselben Schlafraume und nicht ältere Kinder in dem Schlafraume namentlich jüngerer Eheleute untergebracht werden.

Nahrung und Kleidung sind nach den Verhältnissen der Pflegeeltern zu beurteilen. Jedenfalls haben die Pflegekinder den Tisch der Pflegeeltern zu beanspruchen.

Der Pfleger hat darauf zu sehen, daß etwa nötige, jedenfalls auf öffentliche Kosten zu liefernde ärztliche Hilfe rechtzeitig beschafft wird und besonders die Säuglinge in regelmäßig kürzeren Zwischenräumen dem Arzt zur Untersuchung und zur Erteilung von Anweisungen in betreff der Ernährung vorgeführt werden.

Die schulpflichtigen Kinder sind hinsichtlich des Schulbesuches und ihrer Fortschritte im Unterricht zu überwachen. Für besonders begabte Kinder wird der Pfleger Mittel zur Ermöglichung einer besseren Ausbildung zu erlangen, für auffallend zurückgebliebene Gelegenheit zur Nachhilfe zu verschaffen suchen. Dispensationen vom Schulbesuch etwa zum Zwecke umfangreicherer Verwendung der Kinder zu gewerblichen oder landwirtschaftlichen Arbeiten sind nicht zu gestatten.

Wohl aber sind die Kinder außer der Schulzeit zu nützlicher — ihrem Geschlecht und Alter und ihren Kräften entsprechender — Thätigkeit anzuhalten, jedoch nur in dem Umfange, wie solche von verständigen Eltern ihren eigenen Kindern zugemutet wird, damit sie dadurch für ihre Zukunft lernen und ihre Kräfte ohne Überbürdung üben.

Die nach Alter und Körperbeschaffenheit sich richtende notwendige Erholungszeit darf den Kindern nicht verkürzt werden.

Besondere Beachtung ist auch dem geselligen Verkehr der Pfleglinge zu schenken. Der von Erwachsenen unbeaufsichtigte Verkehr mit Altersgenossen sollte ihnen erst dann gestattet werden, wenn man sie in ihrer Eigenart kennen gelernt hat, und sie selbst sich in die neuen Verhältnisse eingelebt und an die Hausordnung gewöhnt haben.

Der briefliche Verkehr der Kinder mit ihren Angehörigen soll möglichst ungezwungen sein, aber es ist dahin zu streben, daß die Kinder ihre eigenen Briefe sowohl, als auch diejenigen, welche sie von ihren Angehörigen bekommen, den Pflegeeltern, gelegentlich auch dem Aufsichtsorgane vertrauensvoll zeigen.

Üblen Beeinflussungen der Kinder durch ihre Angehörigen, die leider nicht zu den Seltenheiten gehören, mögen sie nun brieflich oder im persönlichen Verkehr erfolgen, wird der Pfleger in Gemeinschaft mit den Pflegeeltern in taktvoller Weise zu begegnen suchen, nötigenfalls durch Anrufung der Oberleitung.

Zu den Pflichten der Pflegeeltern gegenüber den Kindern gehört auch die Erziehung derselben zu gesunder christlicher Frömmigkeit und demnächst bewußter Teilnahme am kirchlichen Gemeindeleben. Der Pfleger hat darauf zu achten, daß solches in schlichter ungezwungener Weise geschehe.

Von großer Wichtigkeit ist der Beistand, welchen der Pfleger den Kindern leistet bei ihrer Entscheidung über ihren künftigen Lebensberuf vor ihrer Entlassung aus der Schule. Er soll darauf sehen, daß die Kinder möglichst frei, ihren wirklichen Neigungen und Fähigkeiten entsprechend, sich für einen Beruf entscheiden. Dabei wird es immer ein erfreulicher Beweis für ein bestehendes gutes Pflegeverhältnis sein, wenn die Kinder darum bitten, bei ihren Pflegeeltern auch ferner noch als Dienstboten oder Lehrlinge bleiben zu dürfen, oder aber in der Nähe der Pflegeeltern bei Herrschaften oder Handwerksleuten in ein Dienst- oder Lehrverhältnis einzutreten. Derartige Wünsche sind thunlichst zu berücksichtigen.

Die letzte Entscheidung steht jedenfalls der Oberleitung zu, welche die Dienst- und Lehrverträge abschließt. Ein Gutachten des Pflegers wird dabei als Grundlage dienen, wie denn der Pfleger auch früher durch regelmäßige Berichte über das Ergehen und die Entwicklung der Kinder die Oberleitung in Kenntnis erhalten hat.

4. Die Pflege der Kinder würde in vielen Fällen ihren Zweck verfehlen, wenn mit der Entlassung aus der Schule und dem Eintritt derselben in ein Lehr- oder Dienstverhältnis die bis dahin geübte Beaufsichtigung gänzlich aufhören und die jungen Leute sich selbst überlassen würden.

Einem gebildeten Vater wird es nicht in den Sinn kommen, seinem 14jährigen Sohne gegenüber auf seine väterliche Autorität und die bis dahin geübte Leitung seines Sohnes zu verzichten. Noch viel weniger darf man den hier in Rede stehenden jugendlichen Personen nach Vollendung des 14. Jahres freie Verfügung über ihr Thun und Lassen gestatten.

Die Familienpflege muß in etwas anderer Form auch über das 14. Jahr hinaus fortgesetzt werden, indem die Lehrlinge bei Meistern untergebracht werden, welche ihnen Anschluß an ihre Familie gewähren, und die Dienstboten in der Familie ihrer Herrschaft Halt und Anleitung finden. Die gesetzlichen Vormünder oder Pfleger dürfen ihre Mündel und Pfleglinge nicht aus dem Auge verlieren, müssen vielmehr ihnen auch während ihrer Lehr- und Dienstzeit ebenfalls in der Person der Aufsichtsorgane Männer zur Seite stellen, bei denen sie jederzeit Rat und Hilfe finden, und durch welche sie allmählich zum vernünftigen Gebrauch der Freiheit angeleitet werden sollen. Sie werden vor den Gefahren der Jugend gewarnt, auf würdige Geselligkeit und Erholung hingewiesen, an Ordnung und Sparsamkeit gewöhnt und zur selbständigen Verwaltung der eigenen Angelegenheiten angeleitet, zur freien Unterordnung unter bestehende Ordnungen und Autoritäten willig gemacht und in der Berufstreue geübt.

Das Wohl unseres Volkes erfordert eine erhöhte Fürsorge für dessen Jugend in der Zeit zwischen 14 und 21 Jahren. Hervorragende Männer haben von den Besten der Nation Rat erbeten, wie zu helfen sei. Die Männer der Armen- und Waisenpflege können zur rettenden That schreiten, indem sie den Teil der armen Jugend unseres Volkes, der ihrer besonderen Fürsorge anvertraut ist, in treuer Obhut behalten und verständig leiten, bis er zur Mündigkeit herangereift ist.

Als notwendige Voraussetzung für dauernden und guten Erfolg der vorstehend beschriebenen Beaufsichtigung der Unmündigen in Familienpflege ist eine Centralstelle zu fordern, von der die Arbeit im ganzen und im einzelnen geleitet, immer wieder angeregt und im Atem erhalten wird, und mit der auch die eingangs beschriebene, die Familienpflege ergänzende Anstalt am zweckmäßigsten zu verbinden sein dürfte.

Lähmend und hemmend wirken würde ein zu karg bemessenes Kostgeld an die Pflegeeltern. Ein Betrag von 200 Mk. für Säuglinge und durchschnittlich 150 bis 120 Mk. für mittlere und ältere Pfleglinge muß als Mindestmaß bezeichnet werden. Ein Geschäft wird dabei noch nicht gemacht.

Außerdem sind alle außerordentlichen Aufwendungen etwa für besonders schwächliche Kinder und namentlich alle durch ärztliche Behandlung und Lieferung von Heilmitteln entstandenen Kosten auf die öffentliche Kasse zu übernehmen. Diese Gelder tragen reiche Zinsen, wenn es einer liebevollen, sorgfältigen Behandlung gelingt, viele der dem Elend oder verkommenen häuslichen Verhältnissen enthobenen Unmündigen zu gesunden, ordnungsliebenden und arbeitsfreudigen Gliedern unseres Volkes zu erziehen.

Leitsätze.

1. Die Familienpflege ist die naturgemäße Art der Unterbringung und erzieherischen Beeinflussung der der öffentlichen Fürsorge anheimgefallenen Unmündigen, bedarf aber — wenigstens in größeren Verbänden — einer wohlorganisierten Erziehungs-Anstalt als Ergänzung.

2. Zur Erzielung einer möglichst erfolgreichen Wirksamkeit der Familienpflege ist eine Beaufsichtigung derselben erforderlich, welche

a) organisiert und geleitet wird durch die mit den Pflichten und Rechten gesetzlicher Vormünder oder Pfleger ausgestattete Armen= oder Waisenbehörde und

b) ausgeübt wird durch ehrenamtliche Pflegeorgane unter Zuhilfe= nahme von Frauen, namentlich für die Ueberwachung der Säuglingspflege und der Mädchenerziehung und

c) unterstützt wird durch bereitwillig von der Behörde zur Verfügung gestellte ärztliche Hilfe.

3. Die Beaufsichtigung umfaßt:

a) die sorgfältige Prüfung der angebotenen Pflegestellen;

b) die Mitwirkung bei der Auswahl und Bestimmung derselben für die einzelnen Pfleglinge;

c) die sachgemäße Anleitung und Unterstützung der Familien in der Pflege und Erziehung der ihnen anvertrauten Zöglinge.

4. Die Familienpflege und die Beaufsichtigung derselben findet ihren Abschluß nicht schon mit der Entlassung der Zöglinge aus der Schule, sondern erstreckt sich noch weiterhin auf die Überwachung der durch die Armen= oder Waisenbehörde als Lehrlinge oder Gehilfen bei Handwerks= meistern oder als Dienstboten, beziehungsweise jugendliche Arbeiter bei Dienstherrschaften oder Arbeitgebern untergebrachten Unmündigen.

Pierer'sche Hofbuchdruckerei Stephan Geibel & Co. in Altenburg.

Printed by Libri Plureos GmbH
in Hamburg, Germany